Hermann Hummel-Liljegren

# *Weisheit – eine Geisteshaltung*

Hermann Hummel-Liljegren

# Weisheit – eine Geisteshaltung

Guter Wille
Intuitive Einsicht
Praktische Vernunft

Steinmann

***Für Gabriele, der Liebe meines Alters***

Zweite, erweiterte Auflage (die erste Auflage
ist unter dem Titel „Altersweisheit“ erschienen)
ISBN 978-3-927043-47-3


Titelabbildung: „Old Woman with a Green Scarf“ (oil on copper)
by Christian Seybold (1697-1768), © Gemäldegalerie Alte Meister, Dresden,
© Staatliche Kunstsammlungen Dresden/
The Bridgeman Art Library, Berlin
Covergestaltung: Elsa von Rahden, Fischerhude
Herstellung: Books on Demand GmbH, Norderstedt

www.steinmannverlag.de

# *Inhaltsverzeichnis*


Aus dem Vorwort zur 1. Auflage 7

Vorwort zur 2. Auflage 8

**Teil I**
*Weisheit als Summe guten Willens, intuitiver Einsicht und praktischer Vernunft* 9

**Einleitung** 9

1. Wie werde ich gelassener und weiser? 15
2. Einstiege zur Weisheit 20
3. Welche Einstellungen fördern die Weisheit? 22
4. Was gehört zu einem weisen Menschen? 24
5. Wer ist klug, wer ist weise? 26
6. Wir alle könnten länger leben 28
7. Wie gelingt gutes Altsein? 30
8. Das Alter – eines der letzten Tabus 32
9. Kleine Altersweisheiten 34
10. Weisheit ist Arbeit 39
11. Strategien für gesundes Altern und erträglicheres Sterben 41
12. Lebensreife – wann werde ich sie besitzen? 45
13. Regeln der Besonnenheit und Achtsamkeit 47
14. Freundschaft – was ist sie mir wert? 49
15. Erotik in jedem Alter 51
16. Liebe gibt es in jedem Alter 53
17. Liebeslied für eine alte Frau 56
18. Der Sinn des Lebens – ein schwedisches Waldmärchen 54

19. Was vermindert Unlust, Traurigkeit oder Einsamkeit? *59*

20. Weisheit und Torheit des Spielens *61*

21. Was ist Glück und wodurch werde ich glücksfähig? *64*

22. Meine Vorurteile: anerzogen? Selbst zugelegt? Kann ich sie loslassen? *66*

23. Erinnern und Vergessen *70*

24. Zufall und Gleichzeitigkeit *75*

25. Was ist mit dem Höhenweg des Alters gemeint? *78*

26. Wird wirklich alles anders, oder ist die Zukunft der Alten nicht längst schon da? *80*

**Teil II**
*Maßgebliche Weisheitsphilosophen* *85*

1. Laotse – 6. Jh. v. Chr. *85*

2. Konfuzius – 551-479 v. Chr. *88*

3. Pythagoras – um 570-497 n. Chr. *94*

4. Sokrates – 469-399 v. Chr. *97*

5. Platon – 427-347 v. Chr. *101*

6. Epikur – 341-270 v. Chr. *104*

7. Epiktet – 50-125 n. Chr. *107*

8. Immanuel Kant – 1724-1804 *111*

Abschließender Selbsttest *124*

Literaturverzeichnis *127*

Dank *132*

## *Aus dem Vorwort zur 1. Auflage*

Wenn von Weisheit die Rede ist, steht für mich an höchster Stelle *Immanuel Kant*: „Wir können nicht wissen, ob es Gott gibt, aber wir sollten so leben, als ob es ihn gäbe", weil dies von höchstem moralischen Wert für das Zusammenleben ist. Leider ist diese versöhnliche Lebensregel fast unbekannt, obwohl sie zu Kant gehört wie der *Kategorische Imperativ*.

In seinem Werk „Die Philosophie des Als-Ob" von 1911 zitiert *Hans Vaihinger* aus den nachgelassenen Papieren und Briefen im Kantschen Opus postumum besagte Lebensregel in mehreren Varianten: „Gott ist nicht ein Wesen außer mir, sondern bloß ein Gedanke in mir"(S. 727). „Gott ist eine bloße Vernunftidee, aber von der größten inneren und äußeren Realität" (S. 730). „Wenn du sittlich handeln willst, so musst du so handeln, als ob ein Gott, als ob dein Gott dir das befohlen hätte"(S. 735).

Von der Lebenskunstliteratur im Sinne praktischer Lebensklugheit unterscheidet sich die „Altersweisheit" durch ihren philosophischen Ansatz. Philosophie ist die Liebe und der Weg zur Weisheit. Weisheit geht über Klugheit hinaus und ist eine ethisch-geistige Lebenshaltung.

Der Einstieg ins höhere Alter ist vergleichbar mit der Pilgerwanderung in *Hermann Hesse*s Roman „Die Morgenlandfahrt" oder mit dem Einstieg in ein Gebirgsmassiv. Jeder steigt mit hinauf, so weit er kommt, und jeder wird sich an seinem kritischen Punkt aus dem Bund verabschieden. Doch jeder achte auf seinem Weg darauf, dass er nicht zur Karikatur seiner selbst wird, sondern in Würde altert und ethische Pflichten übernimmt, solange er kann.

Durch alle Zeiten gilt die Keltische Weisheit: „Das leidenschaftliche Herz altert nie" (*John O'Donohue*).

Lüneburg, im Frühjahr 2007 *Hermann Hummel-Liljegren*

## *Vorwort zur 2. Auflage*

Mit der zweiten, erweiterten Auflage vertiefe ich die Frage, ob Weisheit wirklich eine Frage des Alters ist. Ist es nicht doch so, dass Weisheit an kein Alter gebunden ist? „Schon Kindermund tut Weisheit kund." Und viele Alte leben unweise. Nicht die Zahl der Jahre, sondern die vertiefte Einsicht in den Sinn des Lebens macht weiser. So verstarb etwa der bedeutende Berliner Weisheitsforscher *Paul Baltes* schon 2006 im mittleren Alter. Weisheit bezeugen auch die jungen Philosophen wie *Richard David Precht* („Wer bin ich und wenn ja, wie viele?", 2007) oder *Gert Scobel* („Weisheit. Über das, was uns fehlt", 2008).

Gleichwohl wird im Teil I auch das Alter angesprochen, weil es nie zu spät ist, reifer und weiser zu werden.

Im Teil II werden zentrale Weisheitsphilosophen thematisiert: *Laotse*, *Konfuzius*, *Pythagoras*, *Sokrates*, *Platon*, *Epikur*, *Epiktet* und *Immanuel Kant*. Das Buch endet mit dem Selbsttest: *Wann ist der Mensch weise?*

Lüneburg, im Frühjahr 2011 *Hermann Hummel-Liljegren*

# Teil I

## *Weisheit als Summe guten Willens, intuitiver Einsicht und praktischer Vernunft*

### **Einleitung**: *Wie versteht man seit Kant guten Willen, Klugheit und Weisheit?*

„Es ist überall nichts in der Welt, ja überhaupt auch außer derselben zu denken möglich, was ohne Einschränkung für gut könnte gehalten werden, als allein ein guter Wille", so beginnt *Immanuel Kant* 1785 seine „Grundlegung der Metaphysik der Sitten". Der gute Wille befähigt dazu, sinnliches Begehren und Hemmungsvermögen zu steuern, den guten Sitten zu folgen und das anzuerkennen, was Kant vor über 200 Jahren das Sittengesetz nannte, nämlich nicht zu betrügen, nicht zu stehlen, nicht zu lügen und niemand Gewalt anzutun, nicht im Alltag, nicht in der Wirtschaft, nicht in der Liebe und nirgendwo sonst. Bei gutem Willen erkennt und befolgt der Mensch seine Pflichten, wie umgekehrt jedes Strafgericht von der Annahme ausgeht, dass eine Straftat aus freien Stücken begangen wurde (Geisteskrankheit ausgenommen).

Der gelebte gute Wille ist eine Vorstufe der Weisheit. Was jedoch ist Weisheit und wer ist weise? In der althochdeutschen Sprache waren der Weise und der Kluge noch nicht geschieden, so dass weise beide Bedeutungen im Sinne von wissend, gelehrt, gescheit und klug im Erkennen und Urteilen umfasste (*Jakob und Wilhelm Grimm*, Deutsches Wörterbuch). Eine berühmte Ausnahme macht erstmals um 800 das „Wessobrunner Gebet", in dem die Mönche von Weisheit und Klugheit (*uuistom enti spahida*) reden. Im 17. Jahrhundert gilt als weise, wessen Wesen und Handeln maßvoll und besonnen ist.

Weise wird man durch Erfahrung; weise sein, ist ein Ausdruck gereiften Lebens. Dabei geht es um die höhere

Ebene des inneren Reifseins. Der Weise kennt sich und den Sinn des Lebens und ist durch Erfahrung gereift. Schopenhauer beschreibt die eigentliche Weisheit als etwas Intuitives und nicht als etwas Abstraktes.

Weisheit sei moralische Klugheit, meinte *Novalis*. „Die Geschicklichkeit ist auf Sachen, die Klugheit auf Menschen und die Weisheit auf die Moralität gerichtet", heißt es 1830 im *Rheinischen Conversations-Lexikon.*

Doch bereits Klugheit wurde als wertvoll eingeschätzt und Lebensklugheit als klares, richtiges Erkennen, Durchschauen, Schlussfolgern und Urteilen gewürdigt. Ein Kluger hat erfahrungsgeschärfte Urteilskraft und weiß, worauf es im Leben ankommt, was sachgemäß begründet ist, wodurch und wie etwas zustande kommt, was das Wesentliche ist, was mit was zusammenstimmt und wie die Dinge über die ganze Breite der Lebenspraxis hin einzuschätzen sind (*Elm*, S. 81).

Heute muss ein Kluger nicht weise leben. Er kann sich sogar selbst widersprechen. Er mag über individuelle Cleverness verfügen, ja auch über sittlich-neutrale Zweckrationalität. Bereits Kant sprach davon, dass der Kluge Geschicklichkeit in der Wahl der Mittel zu seinem eigenen größten Wohlsein besitze. Für den bloß Klugen genügt es, dass er sich geschickt aus der Affäre zieht.

Ein Weiser dagegen sollte nicht bloß ein Wegweiser sein, sondern den Weg, den er lehrt, selbst vorleben. Vor Jahrzehnten spottete „die Zunft" über einen Kölner Philosophen – nach seinen Werken vermute ich, dass es der leidenschaftliche *Max Scheler* war – der die schönsten Lehren über Sinn und Formen der Sympathie ersann, selber jedoch ein unweises Lustleben führte und sich dazu öffentlich bekannte und das im Erzbistum Köln (nach *Assmann*, Hrsg., Weisheit 1991, S. 52).

Im Moralleben der Kirchen hat sich heute vieles gelockert. So forderte etwa der Hamburger Weihbischof *Hans-*

*Jochen Jaschke* Anfang 2010 ein unverkrampftes Verhältnis zur Sexualität und ein Nebeneinander von zölibatär lebenden und verheirateten Priestern. Max Scheler jedoch hat sich durch sein Bekenntnis bleibend selbst beschädigt. Ein Mensch sollte deshalb seine Pflichten und Neigungen mit seinem Eigennutz so in Einklang halten, dass er Würde und Anstand besitzt und niemand schädigt, nicht einmal sich selbst.

Seit Kant wird Philosophie nicht mehr mit Weisheit gleichgesetzt. „Liebe der Weisheit wäre dem Begriff mehr angemessen" (Opus postumum Bd. 21, S. 130, 140). Heute meint Philosophie die Liebe zur Weisheit. Der Philosoph ist nicht nur ein Freund der Meinungen, nicht nur ein *Philodox* (*Sokrates*), sondern ein Freund oder Suchender der Weisheit – bestrebt zu erfahren, wie viel das Wissen zur menschlichen Vernunft beiträgt. Der praktische Philosoph „der Lehrer der Weisheit durch Lehre und Beispiel ist der eigentliche Philosoph" (*Kant*, Logik, 1800).

Was Weisheit ist, sollten wir erkennen, wenn wir den betrachten, den wir weise nennen – heute vielleicht *Nelson Mandela*? Nichts gegen Mandela oder *Albert Schweitzer*, *Mahatma Gandhi* oder den *Dalai Lama*. Aber sollten wir uns nicht davor hüten, die Weisheit anders als ein Ideal der praktischen Vernunft in einem Menschen zu sehen? Weisheit ereignet sich im Seeleninneren oder gar nicht. Allenfalls lässt sich sagen: Wer sich durch seinen verinnerlichten guten Willen seines Glückes als würdig erweist, ist auf gutem Weg zur Weisheit. „Das höchste in der Welt mögliche und soviel an uns als Endzweck zu befördernde physische Gut ist Glückseligkeit, unter der objektiven Bedingung der Einstimmung mit dem Gesetz der Sittlichkeit, als der Würdigkeit, glücklich zu sein" (*Kant*, Kritik der Urteilskraft).

> „Das Herz hat Gründe, von denen die Vernunft
> nichts weiß." *Blaise Pascal*

### *Was ist intuitive Einsicht?*

Das Wort *Einsicht* als intellektuelle Tätigkeit und Urteilsfähigkeit taucht nach den *Brüdern Grimm* erstmals im 16. Jahrhundert auf: „Gehorsam und Einsicht“ zeigen (1567), „gewissenhafter Gebrauch unserer Vernunft und Einsicht“ (1760), „gesunde Einsicht beweisen“ (1844).

Die sprachliche Herkunft von wortwörtlicher „Einsicht“ in eine Sache, in Bücher oder in schöne Augen ist evident. Etwas später entsteht aus der geistigen Einsicht das Adjektiv „einsichtig“ im Sinne von „vernünftig“ und „kenntnisreich“ und wird 1849 von *Hebbel* mit „einsichtig und geistreich“ verbunden (*Jakob und Wilhelm Grimm*, Deutsches Wörterbuch).

Was nun das Handeln aus intuitiver Einsicht betrifft, so taucht das Wort „Intuition“ (intuitiv) bei den Brüdern Grimm noch nicht auf und wird im *Deutschen Wörterbuch* von Brockhaus/Wahrig (1980) als eine Quelle des Erkennens erklärt, die nicht auf Nachdenken, sondern auf unmittelbarer Anschauung, plötzlicher, nicht voll bewusster, fast instinktiver Eingebung beruht. Der Volksmund spricht vom „Bauchgefühl“.

Das Fremdwort *Intuition* bildet sich im 18. Jahrhundert. Es leitet sich sprachlich ab von dem lateinischen „intuitus“ und meint „unmittelbare Anschauung“. *Intuition* hängt mit „Ideen haben“ zusammen. Ideen fallen nicht vom Himmel, sondern sind in der Regel das Resultat harter Arbeit. Der Moment des Einfalls kann dann urplötzlich wie ein Blitz oder das Aufwachen aus einem Traum sein, hat aber seine Vorgeschichte. Guter Schlaf ist ohnehin kreativitäts- und intuitionsförderlich.

In alle Denkvorgänge fließen auch Gefühle und gefühltes Wissen mit ein. Intuitionen beruhen auf Wissen, Geistesgegenwart und Entschlossenheit. Mit der Zeit wird man sich seiner Intuitionen immer bewusster und kombiniert sie mit dem Verstand. Beispielsweise ist Autofahren die Synthese von Verstand, Erfahrung, Routine und Intuition. Es geht um Wahrnehmen, Lernen, Erinnern, Verknüpfen und Entscheiden.

Zusammenfassend meint intuitive Einsicht, verwickelte Zusammenhänge zu durchschauen und aus intuitiver Eingebung Ideen zu bilden oder Probleme zu lösen (dazu: *Traufetter*, Intuitionen. Die Weisheit der Gefühle, 2007).

### *Was heißt Handeln aus praktischer Vernunft?*

Handeln oder Unterlassen aus praktischer Vernunft meint zunächst naiv, unkritisch und vorkantisch, dass ein Tun oder Lassen geschickt, gekonnt, gewitzt, einsichtig und besonnen, also klug und überlegt geschieht oder unterbleibt.

Diesen Begriff der *praktischen Vernunft* stellte *Immanuel Kant* (1724-1804) mit seinen drei *Kritiken*, nämlich die der *reinen Vernunft*, der *praktischen Vernunft* und die der *Urteilskraft* (1781, 1788, 1790) auf ein neues moralisch-sittliches Fundament.

Seitdem hat sich im philosophischen Sprachgebrauch die Unterscheidung zwischen *Verstand* und *Vernunft* durchgesetzt. Vor Kant war die Vernunft nur eine Unterabteilung zum Verstand. Das Verhältnis von Vernunft und Verstand wurde umgekehrt: Der Verstand gewinnt und ordnet die Sinneseindrücke in Denkschemata, während die Vernunft das obere Erkenntnisvermögen ist, welches die Verstandesbegriffe zu einem in sich geschlossenen Ganzen der Erkenntnis verbindet. Vorkantisch – und noch heute dem allgemeinen Sprachgebrauch entsprechend – ist ein Mensch, der verständig ist, auch vernünftig. Nach dem Althochdeutschen „Firstantan“ und „Vernumft“ kommt *Verstand* von „verstehen“ und *Vernunft* von „vernehmen“ (*Herkunftsduden*).

Die Wortgeschichte und die drei Kritiken von Kant ergeben, dass die reine Vernunft die **denkende** (theoretische oder spekulative) Vernunft ist und die praktische Vernunft die **handelnde** Vernunft meint, die Kant mit seiner Transzendentalphilosophie verbindet. Diese besagt, dass wir nur erkennen, was den Sinnen gegeben und durch Erfahrung belegbar ist, so dass wir die Fragen nach Gott und nach der Entstehung der Welt weder erfahren noch beweisen, sondern nur glauben können.

*Daher wird die Weisheit – die alle Menschen, da sie sich von Natur aus nach ihr sehnen, mit so großer Leidenschaft des Geistes erstreben – nicht anders erfahren als in der Bewusstwerdung, dass sie höher ist als jedes Wissen und unwissbar ist.*
Nikolaus von Kues (1401-1464)

## 1. Wie werde ich gelassener und weiser?

Pardon, aber was dazu geschrieben wird, ist mitunter leeres Stroh gedroschen: So, wenn behauptet wird, ein alter Mensch sei weise, wenn er wisse, wie man lebt. Ist er dann wirklich weise oder höchstens klug?

Zweifach falsch ist eine „Altersweisheit“ von *Arthur Schopenhauer*: Das Alter sei heiter, weil man frei von Leidenschaften sei. Doch weder bin ich im Alter besonders heiter, noch frei von Leidenschaften: Die „Marienbader Elegie“ von *Goethe* fußte auf seiner leidenschaftlichen Gier nach Schönheit und Jugend. Goethe war weder weise noch gelassen.

Gelassen bin ich, wenn ich ein Problem ruhig angehe und versuche, es sachgerecht zu lösen. Das Gerede, der Gelassene ruhe fest in seinem Wesen, hilft nicht weiter.

*Martin Heidegger* schrieb über Gelassenheit zutreffend, dass sie erwacht, wenn ich mein Wollen zurücknehme.

Einseitig und insofern falsch fordert *Alexander Ulfig* (im *Philosophischen Lexikon*), dass sich Gelassenheit nur im Alltag bewährt, dass folglich durch Rückzug aus dem Alltag (zum Beispiel durch das Loslassen von Themen, durch Nichtbefassung mit Politik, Zeitungslektüre und Stammtischdiskussionen) Gelassenheit nicht entstehen könne, weil ich mich den Dingen nicht stelle, sondern ausweiche.

Ulfig übergeht dabei die stoische Philosophie, besonders *Epiktet*, der lehrte, dass ich mir durch Vergleichgültigung – nach dem Motto: „Berührt mich nicht, interessiert mich nicht, geht mich nichts an“ – Aufregungen vom Halse halte. Für den wirklichen Stoiker sind die äußeren Dinge so gleichgültig wie die Frage, ob die Zahl der Haare auf dem Kopf gerade oder ungerade ist.

Was ist nun richtiger: Einstieg in den Alltag oder Rückzug? Vielleicht treffen Sie das Richtige, wenn Sie Ihr Tun und Lassen überlegt mischen: Bewährung im Alltag einerseits, ein maßvoller Teilrückzug aus dem Alltag andererseits. Beides könnte zusammenspielen und Sie insgesamt gelassener werden lassen. Nach *Peter Lauster* entsteht Gelassenheit durch Loslassen, nämlich durch Sichloslösen von Spannungsproblemen.

Doch Vorsicht: Auch noch so kluge Lebensratgeber verschaffen zum Beispiel dem typischen Sanguiniker oder Choleriker durch Lesen von Tipps nicht die gewünschte Gelassenheit. Wie diese entsteht, ob sie jemandem in die Wiege gelegt wird, ob er sie mühsam erlernt, bleibt ein Rätsel. Jedenfalls liegt Gelassenheit irgendwo zwischen Übereilung und Versäumnis.

Eine Vorstufe der Gelassenheit haben jene Lehrer mit Schülern trainiert, die bei Diskussionen einwerfen: „Zuhören und ausreden lassen!“ Wir glauben zwar zu wissen, dass der Schauspieler *Peter Ustinov* die Gelassenheit in Person war, doch ob und wie er sich diese Eigenschaft erarbeitet hat, bleibt sein Geheimnis. Ebenso wenig kenne ich den Königsweg, wie wir weise oder weiser werden.

Einige Anhaltspunkte:

- Kluge kennen ihre Schwäche, Weise überwinden sie.
- Kluge diskutieren, Weise meditieren.
- Kluge leben intellektuell, Weise spirituell.
- Kluge stellen die richtigen Fragen, Weise geben die richtigen Antworten.
- Kluge bauen auf Sympathie, Weise auf Empathie.

- Kluge wünschen sich Mut, Weise Gleichmut.
- Weise bleiben lebenslang interessiert und fragedurstig.
- Ein weiser Mensch sucht sich Zeitoasen und hört auf die heilende Kraft der Musik. *Pythagoras* empfahl dies vor 2.500 Jahren: „Du wirst deine Seele heilen“ (Goldene Verse 66). Klänge, Licht und Farben, genauso wie Musik, die wir hören, und Früchte, die wir essen – das alles ist Nahrung, so etwa wie das „Air“ von *Johann Sebastian Bach* (BWV 1068), der „Kanon“ von *Pachelbel* oder das „Andante cantabile“ von *Peter Tschaikowskys* D-Dur Streichquartett Nr. 1.
- Die Philosophische Gemeinschaft der Pythagoreer erstrebte Würde und ein Gleichmaß von Arbeit, Ernährung und Schlaf.

Besonnenheit bei der Ernährung auf dem Weg zu mehr Weisheit spielt seit alters her eine große Rolle. Vor einem halben Jahrtausend schrieb *Luigi Cornaro* in seinem „Traktat vom mäßigen Leben“ („Discorsi della vita sobria“, 1548), die Diät des Alters bestehe darin, das Einfache so gut zu finden wie früher die Leckerbissen. Er aß wenig, abgewogen mit der Feinwaage, und wurde fast 100 Jahre alt. Schon zuvor besagten die Schicksalsregeln der *Etrusker* („libri fatales“), dass man bei genauer Beachtung der Regeln zehn Jahre älter werden könne (*Friedrich Gröteke*, Etruskerland, 1983).

Paradox notierte *Hermann Hesse*, mit der Altersreife werde man immer jünger:

- Man entrinne der Hetze seiner Berufszeit, der *Vita activa* und erreiche die *Vita contemplativa*, also ein Leben der Besinnung.
- Alle nachdenklichen Menschen finden sich bald alt, bald jung, bald froh, bald traurig – ich ergän-

ze: je nach Tagesform und Nachtschlaf, oder wie sie gefrühstückt haben.

- *Man gleiche Gebrechen durch Umsicht aus*, sagte Cicero über das Alter.
- *Man reife im Sinne eines Werdens zu sich selbst in einer Weise, die dem Leiden und dem Tod gewachsen sei* (nochmals Hesse).
- Man denkt um, wird empfindsamer, dankbarer, langmütiger, vorurteilsfreier und hat Zeit für Sinnfragen.

Die Griechen und Römer beantworteten die Frage, wie Leben gelingen könne, unterschiedlich:

| | |
|---|---|
| **Sokrates**: | Durch Besinnung auf das Schöne und Gute (Kalokagathie). |
| **Die Stoiker**: | Durch Gleichmut und Vergleichgültigung. |
| **Seneca**: | Durch heitere Gelassenheit. „Besitze, als besäßest du nicht." |

Im Urlaub auf Teneriffa fragte ich eine 80-Jährige, ob sie sich für weise halte. „Das will ich gar nicht sein", antwortete sie, „sondern naiv bleiben und spielen, zum Beispiel Canasta." Doch diese Naivität könnte gerade weise sein, weil Spielen gesellig ist, Sorgen und Langeweile vertreibt, das Gedächtnis in Schwung hält sowie uns frisch und lebendig sein lässt.

Im hohen Alter könnten sich unsere negativen Seiten ungut fortsetzen. Es sind zwei Torheiten:

- **Die Unersättlichkeit**. Die Griechen nannten diese Schwäche *Pleonexia*, die Gier nach zu viel. Heute ist das eine Wohlstandskrankheit: Man hat zuviel und lässt nichts davon los. Im Rosenkavalier singt *Ochs von Lerchenau*: „Unglücklich, die nicht loslassen können. Und Gott erbarmt sich ihrer nicht."

- **Die seelische Unordnung**. Wie ich gelebt habe, spüre ich im Alter an Leib und Seele. Seelische Unordnung ist eine Folge der Schwachheit und diese ist nach sokratischer Ansicht fehlende Begeisterung für das Schöne und Gute.

Wenn ich jetzt, im Verlaufe meines achten Lebensjahrzehntes, eine vorläufige Bilanz ziehe, so lautet diese: *Mit mehr Glück als Verstand habe ich Brüche, Verluste und Konflikte meines Lebens gut überstanden. Weise war ich nur manchmal, z. B. als Prüfer und bei der Auswahl von Stipendiaten. Gelassen war ich meines heftigen Temperamentes wegen oft nicht. Doch wurden ehrliche Reue und Entschuldigungen in der Regel akzeptiert.*

Die folgenden Kapitel beschreiben Wege zur Weisheit.

*Nur die Menschen, die Zeit für die Weisheit haben, sind frei von Unruhe.*

Seneca (1 v. Chr. - 65 n. Chr.)

## 2. *Einstiege zur Weisheit*

- Weise Menschen suchen und von ihnen lernen.
- Die Nähe unweiser Menschen meiden oder vermindern.
- Seelische Hygiene betreiben, und zwar durch kluge Auswahl von Programmen, Aktivitäten und Neigungen.
- Störungen in stoische Übungen des Gleichmutes umsetzen.
- Die Heilkraft schöner Musik wahrnehmen, täglich schöne Rhythmen und Melodien hören (*Pythagoras*).
- Meditieren, um sich auf seine Wesensmitte zu besinnen.
- Nie mehr recht behalten wollen; Fehler zugeben; ein „Vielleicht-Argument“ in Frageform reicht.
- Sich stets nur kleine Ziele setzen, also nicht: „Ich werde nie wieder zuviel essen“, oder: „Ich werde nie wieder Zorn empfinden“, oder (nach Pythagoras): „Ich werde mein Leben lang nur wenige und gute Worte reden.“
- Stolz haben: Lieber sich als andere bitten – aber sich notfalls auch helfen lassen.
- Anteil nehmen ohne Einmischung.
- Tägliches, erwünschtes Alleinsein als Medizin zur Reinigung von Erregungen (Affekten) und zur Steigerung der Empfindsamkeit (ein Rat des Pythagoras).

- Abendliche Rückschau: Was gut war, was ungut, was versäumte ich (Pythagoras).
- Täglich etwas schreiben (Briefe, Notizen) und etwas Gutes lesen.
- Sich aktiv mit Aufgaben der kleinen oder großen Welt verbinden.
- Sich selbst- und zeitvergessen einer Liebhaberei zuwenden.
- Geistige Weitsicht bekommen durch Verzicht auf die Aufregungen der Tagespolitik. Sich Gleichgültiges gleichmütig vergleichgültigen.
- Ein Tagebuch für Selbstbetrachtungen führen, wozu auch ein Lebensrückblick gehören kann.
- Eine reife Liebe entwickeln; nach dem Philoophen *Leibniz* ist Liebe eine „delectatio in felicitate alterius“: *Die Freude am Glück des Anderen!* „Es geht mir nur gut, wenn es Dir gut geht.“
- Sich bewusst einfach, ganzheitlich-gesund ernähren. „Die Zeit ist kurz, der Tod ist schnell; ein jeder lebe, wie er sterben will“ (aus dem Mittelalter).
- Den Tod bedenken und sich durch Patientenverfügung (Sterbetestament) jedwede Sterbeverlängerung verbitten.

*„Altersweisheit gibt es nicht. Wenn man altert, wird man nicht weise, sondern nur vorsichtig."*
Ernest Hemingway (1899-1961)

## *3. Welche Einstellungen fördern die Weisheit?*

Altsein ist nicht Reife *oder* Last, es ist beides, Reife *und* Last. Die Last des Altseins ist zu lernen und zu üben bis zum Tode.

Die Weisheitslehrer der Antike haben dies vorgelebt. Zu nennen sind die „Goldenen Verse" des *Pythagoras*, das „Handbüchlein der Ethik" des freigelassenen Stoikers *Epiktet* und die „Wege zu sich selbst" des stoischen Kaisers *Marc Aurel*.

Ebenso bezeugen christliche Ordensregeln – etwa der Benediktiner oder der Jesuiten – die Kraft der Selbstbeeinflussung durch Einübung.

Es geht um folgende Einstellungen:

**Achtsamkeit**: Auf sein Umfeld – auf Personen und Situationen achten und reagieren. Die feinen Signale des Körpers hören, sich in andere einfühlen und die Grenzen des Zumutbaren abspüren.

**Balance**: Schlaf, Bewegung und Ernährung im Gleichgewicht halten.

**Gelassenheit**: Die Ruhe des Altseins erleben bis in den Tod.

**Gleichmut**: Irritationen stoisch üben. Klatsch sich vergleichgültigen.

**Genügsamkeit**: Einfach leben, sparsam genießen, essen, reden und fernsehen.

**Güte**: Mitmenschen liebevoll wahrnehmen.

**Positivität**: In guter Stimmung denken, reden und handeln.

**Stolz**: Selbstbestimmt und selbstbeherrscht leben sowie Selbstachtung (*Contenance*) vor der eigenen und fremden Würde wahren.

**Rhythmus**: Sein eigenes Gleichmaß finden und beibehalten. Ruhiges Atmen üben.

**Effizienz**: Sein Leben, seine Beziehungen und seine Papiere ordnen.

**Konzentration**: Sich auf weniges Machbares beschränken. Nach dem Pianisten *Arthur Rubinstein*: „selektieren, optimieren, kompensieren." Anderes loslassen. Ballast abwerfen.

*Es mag sein, dass wir durch das Wissen anderer gelehrter werden. Weiser werden wir nur durch uns selbst.*

Michel de Montaigne (1533-1592)

## 4. Was gehört zu einem weisen Menschen?

1. Die Frucht einer langen Lebenserfahrung.
2. Das Verlangen nach Herzenstakt bei sich und anderen.
3. Das Bewusstsein von Tragik: das Wissen um Leid, Schmerz und Tod.
4. Das Bewusstsein über sich selbst und seine Lebensziele.
5. Eine reife Selbstdistanz, bei der die eigene Person nur als ein Ich unter vielen erlebt wird. Der Mensch ist nicht die Krone der Schöpfung, sondern nur eines unter allen Lebewesen (Pflanzen, Tiere); er ist nur ein Stäubchen im All.
6. Die Fähigkeit, eine Lebensbilanz zu erstellen, gekoppelt mit einer Überprüfung der bisherigen Lebensbewältigung.

7 Die Fähigkeit, den weiteren Lebensverlauf und die zukünftige subjektive Befindlichkeit bis hin zum Tode zu überblicken, wodurch zunächst wichtige Lebensziele eher zurücktreten.

8 Die Fähigkeit, Störerfahrungen und persönliche Verletztheiten immer mehr abzubauen und zugleich immer besser zu ertragen.

9. Die jederzeitige Verfügbarkeit einer gut sortierten „Hausapotheke“ gegen seelische Verstimmungen.

10. Der Besitz einer sozialen Reife mit einem gewissen Maß an Güte, Einfühlungsvermögen und Übernahme von Aufgaben für andere.

(Vgl. dazu *Aleida Assmann*, Was ist Weisheit?, München 1991, S. 16ff).

Eine Bemerkung zu Punkt 1: Eine lange Lebenserfahrung allein garantiert im Alter noch keine Weisheit. Hinzukommen muss das Erleben der eigenen Identität, etwa durch das Abfassen eines Lebensrückblicks oder erfolgreich geübte Urteilsfähigkeit.

„Halte dich nicht für Weise!“ (aus der ägyptischen Weisheitslehre des *Ptahhotep*, 23. Jahrhundert v. Chr.).

*Das Schöne bewundern,*
*Das Wahre behüten,*
*Das Edle verehren,*
*Das Gute beschließen;*
*Es führet den Menschen*
*Im Leben zu Zielen,*
*Im Handeln zum Rechten,*
*Im Fühlen zum Frieden,*
*Im Denken zum Lichte;*
*Und lehret ihn vertrauen*
*Auf göttliches Walten*
*In allem, was ist:*
*Im Weltenall,*
*Im Seelengrund.*

Rudolf Steiner

*Der Weise ist auf alle Ereignisse vorbereitet.*
Moliere (1622-1673)

## 5. *Wer ist klug, wer ist weise?*

- Der Kluge löst seine Probleme, der Weise vermeidet oder erträgt sie.
- Der Kluge sagt nicht alles, was er denkt; der Weise denkt nichts, was er verbergen müsste.
- Der Kluge fragt, um zu wissen – der Weise, um dem Befragten zu helfen (*sokratische Manier*).
- Der Kluge widerspricht, der Weise stellt hilfreiche Gegenfragen.
- Der Kluge fällt niemandem ins Wort und kommentiert sparsam; der Weise beschränkt sich auf das Zuhören.
- Der Kluge gibt Rat nach seiner Erfahrung; der Weise erspürt, ob, wem, wann und wie er Rat gibt.
- Der Kluge verteidigt seine Positionen nach besten Kräften; der Weise weiß, wann er nachgibt.
- Der Kluge nimmt die Dinge nicht so, wie sie kommen, sondern plant sie so, dass sie kommen, wie er sie nehmen möchte. Der Weise nimmt die Dinge hin, wie sie kommen. Durch den Vorsatz zur Hinnahme macht er sich die Dinge erträglich. Umgekehrt könnte es tödlich sein, alles hinzunehmen, z.B. die Feinstaubkonzentration in Verkehrszentren.
- Der Kluge hilft auch, wenn er dadurch in den Streit anderer hineingerät; der Weise hält sich heraus.
- Der Kluge wählt sich sein Zuhause gut aus, der Weise ist überall daheim (*Sapienti ubique patria*).

- Der Kluge lernt aus Fehlern und Irrtümern. Der Weise sieht und kennt das Ende; er lebt daher bescheidener und weniger leidenschaftlich. Er macht weniger Fehler.
- Die Klugheit dient der Weisheit; die Weisheit kommt aber oft zu spät.
- Der Kluge lernt vom Weisen, doch muss er ihn suchen. Der Weise weiß, dass er (von den letzten Dingen) nichts weiß (*Sokrates*).
- Der Kluge erfährt sich durch seinen Lebensrückblick; der Weise bewertet diesen selbstkritisch und produktiv, ohne Unvereinbares zu verdrängen. Weise leben mit der stoischen *praemeditatio malorum* (mit dem *Vorherbedenken des Schlechten*). Sie verteilen ihren Abschied aus dem Leben über Jahrzehnte. Sie schädigen niemand.

„Es gibt nichts Praktischeres als eine gute Theorie."
*Immanuel Kant, 1724-1804*

„Wenn ein Kopf und ein Buch zusammenstoßen, und es klingt hohl, ist es denn allemal im Buche?"
*Georg Christoph Lichtenberg, 1742-1799*

„Einen Gescheiten kann man überzeugen, einen Dummen muss man überreden."
*Curt Goetz, 1888-1960*

„Der Mangel an Urteilskraft ist eigentlich das, was man Dummheit nennt, und einem solchen Gebrechen ist gar nicht abzuhelfen."
*Immanuel Kant*

„Ich lebe, und weiß nicht wie lang; ich sterbe, und weiß nicht wann; ich fahre, und weiß nicht wohin; mich wundert, dass ich so fröhlich bin."
*Martin Luther, 1483-1546*

*Ohne Fantasie keine Güte, keine Weisheit.*
Marie von Ebner-Eschenbach (1830-1916)

## 6. Wir alle könnten länger leben

- Es geht nicht darum wie *alt* man ist, sondern *wie* man alt ist. Und dies kann ich körperlich und geistig steuern.
- Langlebigkeit wird zum Teil vererbt, zum Teil anerzogen. Wir werden, was wir von Kind an tun oder sind, denn ich kann mir die Erbsubstanz nicht aussuchen. So entsteht etwa Diabetes auch bei sehr gesundem Lebenswandel.
- Sichern Sie Ihre *Homöostase*. Darunter versteht man die Ordnung des Lebens, die Gleichmäßigkeit der Körperfunktionen, die Fähigkeit, sich anzupassen und Stress zu vermeiden, sich aber auch keinesfalls zu unterfordern.
- Jeder Mangel an Körperaktivität führt zu morbiden (krankmachenden) Effekten.
- Wer tätig bleibt, stirbt spät, kurz und gnädig; wer sich gehen lässt, lebt kürzer und stirbt zu lange. Auch wer im Beruf wach und engagiert war, könnte als Pensionär ein Langweiler werden. Es gilt, sich zu motivieren. Wer nicht trainiert, verfällt. Auch der alte Mensch kann aus glimmender Glut ein Feuer entfachen: Kurse, Clubs, Reisen, soziale Dienste, ein neues Haustier, Enkelkinder, die Bewegung verlangen.
- Sein Gedächtnis trainieren heißt, sich etwas einprägen und reaktivieren. Der regelmäßige Stimulus unserer Sinne, körperliche Vitalität, soziales und emotionales Engagement und simpler Körperkontakt halten unser Gedächtnis lebendig.

- Ich werde erst alt, dann vielleicht weise.
- „Wir sind ins Dasein Geworfene."
  *Martin Heidegger, 1889-1976*
- Leben wir nicht manchmal seinsvergessen vor uns hin und pflichtvergessen von uns weg?
  Wer die Muskeln trainiert, könnte sich noch hoch betagt beim Ankleiden und WC-Gang selbst versorgen.
- Spiele – Schach oder sonst was – bis zum Lebensende.

*Ich bin nie erwachsen geworden – nur alt.*
Yehudi Menuhin (1916-1999)

## 7. *Wie gelingt gutes Altsein?*

- Aktive Einsätze im familiären und sozialen Umfeld verlangsamen körperlichen und geistigen Abbau.
- Durch genaues Hinhören und Hinschauen erkenne ich meine Vorurteile; gerne würde ich sie halbieren, und bei gutem Willen gelingt dies auch.
- Nicht mit Erfolgen renommieren.
- Auf Schlagfertigkeit und Lügen verzichten.
- Gelegentlich bedenke ich mein Ende und mache mich durch *vordenken*, *abgeben* und *verschenken* nach und nach „sterbefein“.
- Dass meine Zukunft ausläuft, ertrage ich gelassen.
- Niemals aufgeben. Optimist bleiben, und Sie leben länger (*Ohio-Langzeitstudie*).
- Locker loslassen, was nicht mehr geht.
- Altsein ist Teil meiner Biographie und wird hingenommen, wie es kommt.
- Rentner mit dem Hang zum Grübeln sagen dumpf wie ein Fagott: „60 ist die Grenze und von da an bist du Schrott. Doch die 80er, die Klugen, denken überhaupt nicht dran, bleiben heiter, leben, lieben, lachen, spielen einfach weiter“ (unbekannt).
- „Sei allem Abschied voran, als wäre er hinter dir“ *(Rainer Maria Rilke)*.
- Wünsch Dir was, sagte die gute Fee: Alt und weise möchte ich werden, unerschrocken eigensinnig sein und Lachfalten haben, ganz viele (nach *Anne Steinwart*).

- „Gesund sterben möchte ich und nicht dabei sein, wenn's passiert" (*Woody Allen*).
- „Jeder wünscht sich was, doch keiner sieht's voraus. Wir möchten so viel haben, sein und gelten, dass jemand alles hat, ist selten" (*Tucholsky*).
- „Wer nichts mehr wünscht, hat alles" (*Laotse*).
- „*Der Mensch ist ein vernünftig Wesen*, wer das behauptet, ist nie ein Mensch gewesen" (*Moliere*).
- „Kein Sterblicher ist zu jeder Stunde weise" (*Plinius der Ältere*).
- „Sparsamkeit ist die beste Einnahmequelle im Privatleben, wie im Staat" (*Cicero*).
- „Nichts ist Kranken hilfreicher, als von dem gepflegt zu werden, von dem sie gepflegt werden wollen" (*Seneca*).
- „Du wärest ein Philosoph geblieben, hättest du geschwiegen" (*Boethius, 480 -523 n. Chr.)*).
- „Wie gut stände es um den, der von sich selbst loskäme" (*Seneca*).
- „Entscheidend im Alter ist das dreifache L: Laufen, Lernen, Lieben" (*Otfried Höffe*).

*Der Tod kommt, wann er kommt. Bin ich, ist er nicht. Ist er, bin ich nicht.*

nach Epikur (341-270 v. Chr.)

## 8. Das Alter – eines der letzten Tabus

Kurz nach *Frank Schirrmacher*s Methusalem-Komplott erschien im Herbst 2004 *Elisabeth Niejahr*s Buch „Alt sind nur die anderen". Darin schreibt sie: „Es gibt heutzutage nicht mehr viele Tabuthemen. Aber das Altern gehört nach wie vor dazu. Nach dem Geburtsjahr von anderen wird nicht gefragt, bei den eigenen Daten wird gerne geschummelt. Fast alle Rentner fühlen sich Umfragen zufolge deutlich jünger als sie sind. Das lässt sich als Folge von Vitalität und Lebensfreude deuten – oder als Zeichen kollektiven Realitätsverlusts. Alt sind immer nur die anderen. Jeder will alt werden, keiner will alt sein."

Vor allem Frauen erleben den körperlichen Verfall früher, störender und bewusster als Männer, die mit ihrem primitiven Bildhunger an wirklich durchgeistigten weiblichen Altersschönheiten vorbei gehen.

*Und wie wohnt man im Alter?*

Das Altersheim im Grünen hat ausgedient; wenn schon Seniorenresidenz, dann mitten im Getümmel nahe Kurfürstendamm oder Brandenburger Tor. Außerdem lassen sich durch Pflege-WG's und Wohngemeinschaften Heimaufenthalte um Jahre hinausschieben. Mit Putzplänen und Gemeinschaftskassen sollte man allerdings rechtzeitig umgehen lernen. Das Ideal ist nach Frau Niejahr nicht das Heim oder die Großfamilie, sondern die gute Nachbarschaft, z. B. die Wohnanlage „Mobilé" mit 32 Parteien im Kölner Norden. Gewünscht ist die Kombination von netten, auch jüngeren Nachbarn mit ambulanter Pflege.

Ungelöst bleibt das Problem der senilen Demenz. Der amerikanische Bestsellerautor *Jonathan Frantzen* schildert in seinem Roman „Die Korrekturen" die Geschichte des dementen *Albert Lambert*, der sich schleichend entmündigt vorkommt und dem in seiner letzten Lebenszeit alles entgleitet. Erst das Essen, dann die Kontrolle übers Geld, schließlich erkennt er die Menschen nicht mehr. Im Heim versucht er mehrmals erfolglos, sich umzubringen. Lambert schämt sich vor seiner Familie und ringt um ein Sterben in Würde. Seine Familie ist hilflos und überfordert.

Der Wunschtod ist das letzte Tabu im nazistisch verdorbenen Deutschland. Ärzte, Juristen und Theologen sperren sich gegen einen vernünftigen Wunschtod in aussichtsloser Lage.

Beim Wunschtod bleibt zu entscheiden, wer zuletzt Hand anlegt: ein Außenstehender oder ich selbst. Dass die Deutschen aus historischen Gründen übervorsichtig sind, mag nachteilig sein. Gut daran ist aber, dass sich kein alter Mensch zum Tode gedrängt fühlen muss.

Dass ich persönlich an meinem Ende nicht dahinsiechen will, ja, dass ich vor mir selbst Ekel empfinden kann (vor anderen ganz zu schweigen), ist allein meine Sache. So bleibt nichts anderes übrig, als in Zürich oder Amsterdam die Medikation zu kaufen.

Viele Leute in Holland halten ihr Medikament Zuhause bereit, aber im letzten Moment schrecken sie davor zurück (*Anne Biegel/Helene Swildens*, Mitreden ist Gold).

„Die meisten von uns werden lange leben, aber die Hälfte wird es hassen" (*Ken Dychtwalt*, Kalifornischer Arzt).

Dessen ungeachtet gibt es bei Ärzten die stille Übereinkunft, dass große Operationen bei Alten nicht lohnen oder zu riskant erscheinen.

*Wenn heute jemand bekennt, dass er sich geirrt hat, so heißt das soviel, dass er heute weiser ist, als er gestern war. Das sollte billig den Widerwillen mildern, den wir gegen Entschuldigungen und Abbitten haben.*

Johann Gottfried Seume (1763-1810)

## 9. *Kleine Altersweisheiten*

- Altersweisheiten sind kein Rückgriff auf altbackene Wahrheiten, sondern der Versuch, eine hausgemachte Senilität zu verhindern. Altersweisheit ist die Weisheit, zur eigenen Vergangenheit auf Distanz zu gehen, neugierig zu bleiben, Perspektiven zu wechseln und *Perseverieren* (langweiliges Wiederholen im Sprechen und Handeln) zu vermeiden.
- Biographie ist oft die Komödie des Lebens, wichtig oder wenigstens witzig zu sein.
- Könnte nicht stattdessen die kluge Mischung von kindlicher „Spielwiese", herzlicher Güte und humorvollem Charme die weise Rolle auf unserer Alterswiese spielen?
- Ich bin jung, solange ich an Ideale glaube.
- Alt werde ich, wenn ich nicht mehr kindlich-lustig bin, wenn das Kind in mir stirbt.
- Muss ich mich irgendwann für mein Alter schämen? Vielleicht. Doch vermutlich noch lange nicht. Und irgendwann vergesse ich alles, sogar meine Hämorrhoiden!
- Ich lebe im Hier und Jetzt, nicht im Gestern und Morgen.
- Im Alter zerbröckeln die Lebenslügen. Ich kann mir und anderen nichts mehr vormachen. Daher:

sich rechtzeitig den Gegebenheiten anpassen und immer wieder die Gewinn- und Verlustrechnung des Lebens aufmachen.

- Wer nicht handelt, wird behandelt; wer sich nicht bewegt, muss bewegt werden. „Mensch, tun sie was, bevor man etwas mit ihnen tut“ (*Erwin Böhm*).
- Objektiv gesehen haben wir alle kein Alter, weil es, absolut gesehen, die Zeit gar nicht gibt:
  - Wir sind nur Teilnehmer eines wiederkehrenden Kreislaufes, die irgendwann den Stab weitergeben.
  - Und die Zeit? Sie hat nach Kant keine objektive Realität, sondern ist die sinnliche Anschauung unseres inneren Zustandes (*Kritik der reinen Vernunft* B 49).
  - Ebenso lehrt die moderne Physik, dass es objektiv Zeit gar nicht gibt (Philosophisches Wörterbuch, *Schischkoff*).
  - Wie relativ Alter und Zeit sind, erkannte ich unlängst in Lüneburg, wo mich ein 11-Jähriger und ein 94-Jähriger im Schach (gleich dreimal hintereinander) besiegten.
- Ich möchte in Würde altern und mich so annehmen, wie ich bin. Der Lehrer fragt die Erstklässler: „Wer von euch weiß, was Würde bedeutet?“ Es meldet sich Peter: „Würde ist das, was mein Opa unter dem Nachthemd trägt, denn Oma sagte zu ihm: ‚Wenn du weiter im Nachthemd über den Flur läufst, verlierst du noch deine ganze Würde.’“
- Die Würde beurteilen Sie aus sich selbst, sie ist nicht das äußere Ansehen und nicht das Ergebnis

von Kosmetik, sondern im besten Falle das, was *Friedrich v. Schiller* die schöne Seele nennt, „wo Sinnlichkeit und Vernunft, Pflicht und Neigung harmonieren“ (*Über Anmuth und Würde*, 1793).

- Wie werde ich alterstolerant? Indem ich mir beispielsweise unerwünschte Themen vergleichgültige. Ein ertaubter Verwandter steuerte im Gespräch immer nur den Satz bei: „Das ist ja alles so verschieden.“
- Wie vermeide ich Altersgeiz? Altes entsorgen, Besseres verschenken, Neues anschaffen – z.B. neue Bekleidung.
- Leben sie gelegentlich mit der Als-Ob-Perspektive, wie sie der Wiener Logotherapeut *Victor Frankl* im Konzentrationslager übte: Wer bin ich und was brauche ich, wenn ich etwa an Alzheimer erkranke? Wie wäre mein Leben im Rollstuhl?
- Eine Frage zur Heimpflege. Werde ich dort eher mit Pillen beruhigt (*sediert, warm, satt und sauber*), als durch Zuwendung verwöhnt?
- Auch wenn ich alt und runzelig werde, kann die Seele frisch und lebendig bleiben. „Das leidenschaftliche Herz altert nie“ (*John O'Donohue*, Anam Cara).
- „Lasst uns um Gottes Willen die Normalität eines erwachsenen Menschen und macht uns nicht ab 65 zu Kindern. Tut nicht so, als wären wir bereits behindert, depressiv, vereinsamt und total beklagenswert. Verschont uns mit dem Betreuen und fordert lieber unsere Kräfte heraus, solange wir sie noch reaktivieren können“ (*Erwin Böhm*, Wiener Altersforscher).
- Jeder kann alterspolitisch tätig sein, auch die Alten brauchen eine Lobby.

- Sie sind so alt wie Ihre Diagnose, die aber nicht voll der Realität entsprechen muss. Ihr Arzt kümmere sich um die Befunde, Sie um Ihr Befinden (*Erwin Böhm*).
- Irgendwann vor dem biologischen Tod schleicht sich der soziale Tod heran: Niemand kümmert sich, niemand schreibt oder ruft an, niemand lädt mich ein; ich werde unwichtig. Doch dieser soziale Tod auf Raten bleibt aus, solange wir noch selbst den Hintern bewegen und uns anpassen können. Wenn gar nichts mehr geht, wenn einzelne Sinne ausfallen und mein Leben erfüllt ist, dann wünsche ich mir ein kurzes und gnädiges Ende.
- „Das Einzige, was ich am Tod besiegen kann, ist die Angst vor ihm" (*Schiller*).
- Jeder lebt und stirbt allein. Das ist Teil meiner Lebensbilanz.
- Erfahrung ist die Summe unseres Lebens (einschließlich der Dummheiten und Torheiten).
- Im höchsten Alter tritt ein Umkehrphänomen ein: Unser Intelligenzquotient (IQ) nimmt ab, unsere emotionale Intelligenz (EQ) nimmt zu. Trotzdem werden wir kein Kind, denn wir besitzen eine komplette Biographie, haben eine Menge Bewältigungsstrategien entwickelt und versuchen, auszuspielen, was wir von Kind an abgespeichert haben. Zeitlebens bleibt Ihnen Ihr seelisches Feingefühl als Stimulus.
- „Zufrieden scheinen – nur Nebeldunst,
  zufrieden sein – die große Kunst.
  Zufrieden werden – ein großes Glück,
  zufrieden bleiben – das Meisterstück" (*Böhm*).

- „Wer kein Auge hat, dem fehlt das Licht, wer keine Einsicht hat, dem fehlt die Weisheit“ (*Sirach 3, 25*).

*Gut wird man durch drei Dinge:*
*Anlage, Gewohnheit und Einsicht.*
Aristoteles (384-322 v. Chr.)

## 10. Weisheit ist Arbeit

Zum Kuckuck, der alte Adam in mir weicht nicht von der Stelle. Oder doch? Manchmal ersetzt mir die bloße Vorstellung die Wunscherfüllung – ein Zwischenschritt zur Altersweisheit?

Weisheit fliegt mir nicht zu, sondern ist die Arbeit eines ganzen Lebens. Der „Weise" steht über den Dingen, er lässt Gegensätze zu und kann mit Zweifeln und Widersprüchen leben. „Ich bin kein offen Buch, ich bin ein Mensch mit seinem Widerspruch", sagte *Ulrich von Hutten.*

Als Urbilder der Weisheit galten König *Salomo*, *Kaiser Marc Aurel* und Philosophen wie *Sokrates* und *Konfuzius*. Doch liegt das Jahrtausende zurück. Wer ist in unserer Zeit weise? Vielleicht der *Dalai Lama* oder die fünf „weisen" Wirtschaftsgutachter der Bundesregierung? Wohl kaum der Wirtschaftspolitiker *Friedrich Merz*, der die Steuerreform auf einem Bierdeckel notierte. Denn Weisheit ist viel mehr als Erfahrung, Intelligenz und Wissen. Weisheit ist Lebenswissen, Weltwissen, Wissen über sich selbst, Gelassenheit, Güte, Humor, ein reifes Urteil zu Lebensfragen und Frieden mit sich. Weisheit ist eine Geisteshaltung.

Manchmal waren Menschen im richtigen Moment ihres Lebens weise, etwa *Ludwig Erhard*, der 1948 die Währungsreform und das deutsche Wirtschaftswunder einfädelte oder *Michail Gorbatschow* mit seinen Ideen von *Glasnost und Perestroika* („Offenheit und Umbau"), dem wir 1989 die Wiedervereinigung ohne Gewalt verdanken.
Die Weisheitsforscher *Paul Baltes* und *Ursula Staudinger* nennen fünf Kriterien für Weisheit:

1. Ein umfangreiches Fakten- und Lebenswissen.
2. Eine Strategie der Entscheidungsfindung: Wen frage ich um Rat?
3. Ein hohes Maß an Gerechtigkeit durch Rücksicht auf kulturelle und persönliche Umstände.
4. Ein tolerantes Urteilen und
5. Ein Denken in Alternativen (*Psychologie heute, 10/2001*).

„Ein weiser Mensch verfolgt wesentliche Ziele und diese gut geordnet“ (*Hans Aebli*).

Aus Erfahrung werde ich nicht weise, noch nicht einmal klug, wenn ich die Fehler fortsetze. Ich sollte daher zum Beispiel

- bei jedem Fehler nachdenken, wie er künftig vermeidbar ist,
- Erledigungen auflisten und Stück für Stück abarbeiten,
- die Brille nirgendwo hinlegen, sondern stur am Körper oder um den Hals tragen,
- kleinere Dinge (etwa eine Kollegmappe) in die größere Tasche verstauen und
- irgendwann gar nicht mehr kochen, sonst verschmort doch noch ein Topf.

Aber niemand ist perfekt: König Salomo regierte weise, liebte aber zu viele Frauen, wie die *Stuttgarter Erklärungsbibel* (1999) in 1. Könige 11 kommentiert.

„Je glücklicher einer ist, desto leichter kann er loslassen“ (*Dorothee Sölle*).

*Für Ungebildete ist das Alter wie der Winter,*
*für Gebildete ist es Weinlese und Kelter.*
Voltaire (1694-1778)

# *11. Strategien für gesundes Altern und erträgliches Sterben*

Die folgenden Regeln basieren teilweise auf der Arbeit des Altersforschers *Prof. Dr. Andreas Kruse*, Direktor des Instituts für Gerontologie Heidelberg.

**Bleiben Sie bis ins höchste Alter körperlich, geistig und sozial aktiv.**

**Leben Sie bis ins höchste Alter bewusst gesund**

- Speisen Sie einfache, ausgewogene Kost.
- Bewegen Sie sich sportlich.
- Begeistern Sie sich für Ihr Tun (eine Arbeit, eine soziale Aufgabe, Freizeitaktivitäten) derart, dass Sie darüber fast die Zeit vergessen (*Flow-Effekt*).
- Geben Sie dem Körper den Schlaf, den er braucht.
- Nutzen Sie Vorsorge-Angebote.

**Verändern Sie Ihren Lebensstil positiv**

Leben Sie einfach. Sammeln Sie nichts mehr außer Wissen und Weisheit. Sie glauben gar nicht, auf was Sie alles verzichten können – vom Auto bis zur Tageszeitung.

**Denken Sie Ihr Altsein voraus**

Denken Sie Ihr Lebensende voraus. Manche entwerfen sogar die Grabrede, die sie sich an ihrem Grab wünschen, selbstkritisch, offen und ehrlich.

**Wohnen Sie altersgerecht**

Wohnen Sie möglichst ebenerdig und stufenlos. Aufzüge versagen immer wieder oder müssen langwierig repariert werden. Lassen Sie Hindernisse und Stolperfallen beseitigen. Bauen Sie alles um und ein, was Ihre Selbständigkeit verlängert. Wenn Ihre Kräfte nachlassen, dann lassen Sie so viele Helfer kommen, wie es Ihre Rente oder Pension zulässt. Bleiben Sie solange wie möglich ein selbstbestimmender, betreuter Wohnungsinhaber mit Notrufhandy und Schlüssel bei jüngeren Nachbarn.

**Lernen Sie Neues lebenslang**

Trainieren Sie Ihr Gedächtnis. Spielen Sie, besuchen Sie Vorträge und Sprachkurse, behalten Sie Telefonnummern im Kopf.

Nutzen Sie Neues in der Technik, bei der Bahn, im Fernsehen – neugierig und fragedurstig.

**Leben Sie positiv**

Wenn Sie Ihr Leben aktiv führen, positiv denken, Ihre persönliche Aufgabe finden, sich daran erinnern, was gut und schön war, und nicht über Belastendes resignieren, dann sind Sie altersklug.

Altsein ist die Chance, sich weiterzuentwickeln, durch Erleben und Erleiden weiser zu werden.

**Pflegen Sie Kontakte**

zu Nachbarn, Freunden und Bekannten; auch zu jüngeren Menschen, wobei das Alter manchmal unwichtig ist, zum Beispiel bei Spielen.

Treiben Sie Sport, jedoch unterhalb Ihrer Leistungsgrenze, und Sie spüren Ihren Körper wohlig. Dadurch bleibt Ihr Stütz- und Bewegungssystem elastisch und kräftig.

**Bleiben Sie in Ihrem Rhythmus**

Bleiben Sie im Rhythmus von Anspannung und Entspannung. Geben Sie nichts davon her, was sich eingespielt und als wohltuend erwiesen hat.

**Nehmen Sie Krankheiten nicht einfach hin**

Je früher die Diagnose, desto erfolgreicher die Therapie. Folgen Sie Ihrer Ärztin oder wechseln Sie notfalls den Arzt. Unterstützen Sie Rehabilitationen aktiv.

**Suchen Sie selbst nach guter Hilfe und Pflege**

Fragen Sie immer, wie etwas funktioniert und was Sie selbst praktizieren können. Strapazieren Sie Ihre Angehörigen möglichst nicht.

**Haben Sie Mut zur Selbstbestimmung**

Fragen Sie sich in kritischen Lagen, wer und was Ihnen gut tut. Haben Sie den Mut, andere zu bitten oder abzulehnen, wie es die Lage erfordert, so bleiben Sie selbstbestimmend und souverän. „Sapere aude!“ (lat.: „Wage es, weise zu sein“, nach *Horaz*). „Habe Mut, dich deines Verstandes zu bedienen“ (*Immanuel Kant*, „Was heißt Aufklärung?“).

- Widmen Sie Ihrem Körper ab 60 mit jedem Jahrzehnt täglich eine halbe Stunde mehr.

- „Wer nach schwerer Krankheit im alten Trott weitermacht, ist ein Trottel“ (*Prof. Dr. med. Uhlenbruck*).

- Gewinnen Sie aus jeder Krankheit an Weisheit und Gelassenheit hinzu.

- Holen Sie aus dem Möglichen das Beste heraus.

- Verzichten Sie auf Nikotin.

- Vermindern Sie den Genuss von Alkohol, Naschwerk, Knabberzeug und Fleisch. Werden Sie zum Beinahe-Vegetarier.

- Nie satt essen. „Alte Menschen sollten wenig essen und gut kauen“ (*Winston Churchill*, 1874-1965). Wer maximal 1.500 Kalorien pro Tag zu sich nimmt, hat aktivere Körperzellen, die sich schneller erneuern. Man kann so 120 Jahre alt werden (Altersforscher *Prof. Dr. Roy Walford*).

- „Was wir brauchen ist eine Rückbesinnung auf die asketischen Traditionen des antiken und christlichen Europas ... Selbstbeherrschung, Enthaltsamkeit und Verzichten können ... physische wie geistige Nüchternheit. Eine verfressene, eine übersättigte, eine gemästete Zivilisation ist geistig verloren“ (*Gerd-Klaus Kaltenbrunner*, Der asketische Imperativ).

- Nehmen Sie Anteil am Leben der Jugend und erinnern Sie sich an Ihre Jugendzeit.

- Stärken Sie Ihr Immunsystem durch *Kneipp'sche* Wärme-Kälte-Reize.

- Vermeiden Sie Stress.

- Geben Sie frühzeitig Ihren Führerschein zurück und nutzen Sie Bahn, Bus und Taxi.

- „Der Verzicht nimmt nicht. Der Verzicht gibt. Er gibt die unerschöpfliche Kraft des Einfachen“ (*Martin Heidegger*, Der Feldweg, 1983).

- „Beherrsche dich selbst. Übe dies – und du erfährst in dem, was dir gelingt und misslingt, das delphische ‚Erkenne dich selbst'“.
  Aus den Selbstbetrachtungen des stoischen Kaisers *Marc Aurel* (121-180 n. Chr.).

*Wer weiter arbeitet und empfänglich bleibt für die Schönheit des Lebens, entdeckt, dass Alter nicht notwendig altern bedeutet.*

Pablo Casals (1876-1973)

## *12. Lebensreife – wann werde ich sie besitzen?*

Ich weiß nicht, ob es mir gelingt, Altersreife umfassend und durchgängig zu erreichen. Auf jeden Fall liegt noch ein weiter Weg vor mir, meinem Alter gemäß reif, weise und abgeklärt, mit einem Wort, gelassen zu werden. Ich möchte jedoch an Beispielen zeigen, wie ich versuche, in diese Richtung zu denken und an mir zu arbeiten. Dabei mag ein Baustein zum anderen kommen. Vielleicht werde ich einmal altersreif oder weise, wenn meine Umgebung mich so einschätzt.

Vielleicht sollte ich dazu

- meditieren, ins unendlich Weite schauen und darin länger verweilen (*Karlfried Graf Dürckheim*),
- meine Lebensgeschichte bewusst bejahen,
- verstaubte Ordner und Papiere endlich mal entsorgen,
- die lächerliche Scheu vor dem Wörtchen „alt“ ablegen und Komplimente darüber weder machen noch mir insgeheim wünschen,
- Beziehungsverluste (nicht durch Tod erlittene) entweder als Niederlagen einstecken oder im Nachhinein sogar daraus einen Lebensgewinn ziehen,
- in einer späten Liebe zu feinen Formen finden,
- nicht bequem werden, sondern meine Kräfte und Gaben bis zuletzt üben,
- schöpferisch tätig bleiben und stets Neues lernen,
- lesend und spielend (am Brett oder mit Karten) der Demenz vorbeugen,

- genau und einfühlend zuhören und Mitleid hereinlassen,
- meine Schwächen und lästigen Gewohnheiten verringern oder ganz aufgeben,
- anderen nicht zur Last fallen, solange ich selbst Hand anlegen kann,
- meine Angst vor dem Tod besiegen und
- mein Sterben möglichst als bewussten Abschied planen, zum Beispiel mit meiner Lieblingsmusik.

All das wünsche ich mir – nicht zu vergessen den Humor, wohl wissend, dass ich irgendwo im Versuch stecken bleibe.

1929 spielte der 13-jährige *Yehudi Menuhin* Bach, Beethoven und Brahms mit den Berliner Philharmonikern unter der Leitung von *Bruno Walter*. Nach dem Konzert vertraute *Albert Einstein* ihm an: „Jetzt weiß ich, dass es einen Gott gibt“ (*Barloewen*, 2009, S. 190).

*Das lasse ich mir von mir nicht länger gefallen.*
Viktor Frankl (1905-1997)

## 13. Regeln der Besonnenheit und Achtsamkeit

Es gibt Regeln der Besonnenheit und Achtsamkeit, die ich weder zuviel noch zuwenig praktizieren darf, wenn ich meine innere Balance behalten will. Eine Grundregel, so vermutet man, stand am Weisheitstempel im griechischen *Delphi* und lautete „medèn ágan", „nichts zuviel". Umgekehrt gilt aber auch die Regel „nichts zuwenig". Ich nenne dazu die folgenden Stichworte:

Regeln der Besonnenheit und Achtsamkeit:

Reden )
Essen )
Schlafen ) nichts zuviel
Fernsehen )
Aktivitäten )

---

Rhythmus )
Selbstbeherrschung )
Positivität ) nichts zuwenig
Güte/soziale Einsätze )
Ordnung )

Gleichwohl bleiben im Alter Verluste, Abbau und Verfall der Kräfte nicht aus. Leid ist der Lauf der Welt. Doch zwei Zitate zeugen von vorbildlicher Altersreife, ja, wirklicher Altersweisheit:

*Eva Jaeggi* („Viel zu jung, um alt zu sein") schrieb kraftvoll und mutig: „Wenn ich mein Alter wirklich ernst nehme, dann muss klar werden, dass am Ende der Tod steht, dass der Weg dorthin in vielen Fällen mit Abbau und Defiziten gepflastert ist. Altersweisheit stellt sich nicht von selbst ein. Viele alte Menschen sind kindischer, selbstsüchtiger und geiziger als in ihrer Jugend, weil sie nicht mehr die Kraft haben, ihre miesen Seiten hinter Fassaden zu verbergen. Die Energie, die dabei verbraucht wird, diese Fassaden noch zu stützen, ist vergeudete Energie. Man könnte sie besser anwenden – indem man sie dazu verwendet, das eigene Leben besser zu begreifen. Altersweisheit stellt sich zwar nicht von selbst ein, sie kann aber errungen werden, wenn Bewusstheit herrscht über die Gefahren des Alters, die mit dem unüberwindlichen Kräfteverfall gegeben sind."

Eine eher wehmütige Weisheit zum Lebensende stammt von dem Dichter *Ernst Wiechert* (1887-1950): „Am Abend eines Lebens werden die großen und wichtigen Dinge klarer, so wie in der Landschaft die Linien klarer werden. Unsere Waage wird zuverlässiger und gerechter, und sie wird auch milder. Und milder wird auch die Trauer um die große Erkenntnis, dass wir aufhören müssen, Mensch zu sein, gerade in dem Augenblick, in dem wir begonnen haben, es zu werden."

*Freunde erwirb nicht rasch;*
*die du aber hast, verwirf nicht rasch.*
Solon (ca. 634-560 v. Chr.)

## *14. Freundschaft – was ist sie mir wert?*

Es ist sehr viel, was eine echte Freundschaft in der Literatur voraussetzt: Gemeinsamkeit im Denken, Fühlen und Wollen in wesentlichen Lebensbezügen, Ausgewogenheit im Hin und Her des Gebens und Nehmens ohne Neid und Geiz, tätige Einsätze auf gleicher Augenhöhe und gegenseitige Verlässlichkeit im Alltag und in der Not.

Wenn ich all das als Freundschaftsbeweis einfordere, dann habe ich zwar viele Zweckfreunde im Sinne von Interessen-Gemeinschaften – kollegiale Freunde im Beruf, Studienfreunde, Chorfreunde, Sportfreunde, Schachfreunde, Urlaubsfreunde, Vereins- und Stammtischfreunde –, doch ich suche einen wahren Freund für mentalen und emotionalen Austausch darüber, was das Leben in seiner ganzen Breite und Tiefe ausmacht, etwa zu Fragen des guten und schönen Lebens – bis hin zu philosophischen Lebensfragen, aber auch zu ganz persönlichen Gefühlen.

*Eva Strittmatter* dichtete über Freundschaft, sie sei ein Abenteuer, an das man sein ganzes Leben setzt; versagt man oder wird man verraten, habe man sich mehr als die Haut verletzt.

Viele Freundschaften enden schon vor dem Tode mit dem Vorwurf des Egoismus. Andere Freundschaften zerfallen aus Scheu vor zu viel oder zu wenig Gefühl. Zeitnot und großer räumlicher Abstand (nach Umzügen) sind meist nur Ausreden für das Abflauen der Freundschaft, deren Schlusspunkt das Unterlassen der Weihnachts- und Geburtstagsgrüße ist. Angesichts dieser hohen Ansprüche habe ich derzeit nur einen wahren Freund. Ich bekäme dies zu spüren, wenn ich die Lebensgefährtin verlöre.

In dem Fragebogen zur Freundschaft (Tagebücher 1972) stellte *Max Frisch* zur Diskussion:

- Halten Sie sich für einen guten Freund? Wie viele Freunde haben Sie?
- Halten Sie die Dauer einer Freundschaft für einen Wertmaßstab?
- Was würden Sie einem Freund, einer Freundin nicht verzeihen:
  - Doppelzüngigkeit?
  - Ironie auch Ihnen gegenüber?
  - dass er oder sie keine Kritik verträgt?
  - dass er oder sie Personen noch schätzt, mit denen Sie gebrochen haben?
- Pflegen Sie Freundschaft mit dem anderen Geschlecht?
- Leidet die Freundschaft, wenn Geld geliehen wird?
- Wie viel Aufrichtigkeit ertragen Sie vor anderen oder unter vier Augen?
- Sind Sie sich selber ein Freund?
- Worauf legen Sie in der Freundschaft großen Wert:
  - auf Verschwiegenheit?
  - dass Freunde keine bloßen Jasager sind?
  - dass ich meine Meinung ändern kann?
  - dass man mir Geheimnisse zubilligt?

„Wer andern nie ein Lager macht und ewig fragt: ‚Was bringt das ein?', der wird, wenn seine Stunde schlägt, unter den Geschlagenen sein“ (*Peter Horton*).

*Ich liebe meine Arbeit*
*und arbeite an meiner Liebe.*
(Quelle unbekannt)

## 15. Erotik in jedem Alter

Erotik ist die sinnliche Anziehung, Zuneigung, Zärtlichkeit, Nähe und Wärme, zum Beispiel Ankuscheln. Erotisch ist sowohl das Vorspiel zum Sex pur als auch das Vorspiel der Liebe. Erotisch ist aber auch und vor allem der Flirt, mit jemand zum Spaß und verspielt mit Blicken, Gesten und Worten zu liebäugeln.

Kluge Alte schätzen elegante Formen des Flirtens mit Jung und Alt ohne plumpe Anmache, ohne treuen Dackelblick. Sie genießen ohne Erregung, ohne Stielaugen den Anblick schöner und selbst im Alter noch attraktiver Menschen. Im rechten Moment, wenn der andere Mensch gerade relaxt, beginnen sie ein Gespräch. Mit Freude und ohne Eroberungsabsicht machen sie Komplimente – über die Lektüre ihres Gegenübers, das Parfüm, die Kleidung, den Schmuck oder was es sei. Solche Charmeure und Kavaliere der alten Schule sterben nie aus.

Den wohl dümmsten Versuch zu einem Gespräch startete einmal ein hochgewachsener Rentner im Foyer unserer Volkshochschule: „Haben Sie schon von dem Mord im Kiez gehört?“ Die so Angesprochene erschrak und vertiefte sich sofort wortlos in ihr Buch. Solche tumben Toren wissen nichts von der Schönheit des witzigen Anbändelns, des zarten Tête-à-tête und einer Erotik, bei der es funkt und knistert.

Ortswechsel: Der Pensionär mit Anfang 70 sitzt im Café. Nebenan nimmt eine junge Frau Platz. Ihr Gesicht strahlt Schönheit, Frische, Freude und Heiterkeit aus, und sie weiß das. Sie hat blaue Augen und trägt langes, seidiges Blondhaar. Ich träume vor mich hin, dass ich gerne ein lieber Vater für sie wäre, der ohne Eigennutz als Freund für sie da ist.

Wollte ich den Tagtraum weiterspinnen, etwa in Gedanken den Rundungen und Kurven ihres Körpers nachspüren, so stünde es mir frei, Phantasien zu bilden und die Verehrte im Geiste zu herzen und zu liebkosen. Oder ich denke mir aus, mit ihr Urlaub in den Dolomiten zu machen. Geht das zu weit? Wohl nicht. Schon als Kinder sangen wir begeistert: „Die Gedanken sind frei, wer kann sie erraten?“

In der Literatur wie im Leben ist Dauerbrenner nicht der alte Mann und das Meer, sondern der alte Mann und das Mädchen. *Martin Walser*, *Max Frisch* und *Philipp Roth* beschreiben ungeniert ihre Altmännerphantasien, und die Schweizer Psychologie-Professorin *Eva Jäggi* gießt ihren Spott über die Autoren. Mit Wehmut denkt sie an den lebensweisen Stechlin von *Fontane*, der zu abgeklärten Gedanken des Abschieds komme. Seine Freude an der schönen und spritzigen Melusine und seine leichte Verliebtheit in sie bleibe so dezent im Hintergrund, dass man nur gerührt sein könne. Ich vermute, der alte Fontane lebte selbst dieses Vorbild.

Libido, die sinnliche Begierde, bleibt in uns bis ins höchste Alter als belebender, erotisierender Stimulus.

Jene Fernsehwerbung mit den zwei Rentnern im Park – der eine wünscht sich eine Klarinette, der andere eine Klarinettistin –, trifft den Nagel auf den Kopf. Wohl dem, der diese Klarinette spielen kann und der beim Flirten dosierte Schmeicheleinheiten, treffende Komplimente und gezieltes Lob souverän über die Lippen bringt. Erotik als Flirt, als Spiel, bleibt das Gnadenbrot der Alten, wenn Sex passé ist.

*Alter schützt vor Liebe nicht,*
*aber Liebe vor dem Altern.*
Coco Chanel (1883-1971)

## *16. Liebe gibt es in jedem Alter*

Zärtlichkeit und reife Liebe gibt es auch und vielleicht gerade im Alter. Zärtlichkeit, körperliche Nähe, Zuwendung, Sexualität und Liebe im Alter passen sehr wohl zusammen. Die gegenteilige Annahme ist schlicht falsch. Gepflegte Haut fühlt sich noch im Alter weich und gut an.

Was Liebe ist, glauben alle zu wissen. Wirklich? Selbst die Philosophen *Immanuel Kant* und *Arthur Schopenhauer* hinterließen uns wenig Weisheit über die Liebe. Beide blieben Junggesellen.

Für Kant war die Ehe eine Einrichtung zum wechselseitigen Gebrauch der Geschlechtsorgane. Er vermied die sexuelle Beziehung, pflegte aber schöngeistige Freundschaften zur *Gräfin Kaiserlingk* und zu *Charlotte von Klingspor*. Zweimal zögerte er zu lange mit einem Heiratsantrag. Später soll er gesagt haben: „Als ich eine Frau brauchte, konnte ich keine ernähren, als ich eine ernähren konnte, brauchte ich keine mehr."

Von Schopenhauer wissen wir von einer *Theresa* in Venedig und von der Choristin und Schauspielerin *Caroline Medon* als Geliebte in Berlin. In seinem Hauptwerk „Die Welt als Wille und Vorstellung" heißt es sinngemäß: „Die Liebe ist ein Täuschungsmittel der Natur zu dem alleinigen Zweck der Erhaltung der Gattung" … Und: „Wozu der Lärm? … Es handelt sich ja bloß darum, dass jeder Hans seine Grethe finde" (Kap. 44; Ausgabe 1998, S. 619).

Während Erotik die sinnliche Anziehung, Zuneigung, Zärtlichkeit, Nähe, Wärme (z.B. Ankuscheln) und den Anfang verhüllender Sexualität meint, ist Sex die intime und geschlechtliche Zweisamkeit. Hierfür gibt es keine Altersgrenze.

Und was ist **Liebe**? Eine reife Liebe besteht nur, wenn die Liebenden

- körperlich und seelisch-geistig eine Einheit anstreben,
- sich geborgen fühlen und sich vertrauen,
- sich füreinander mindestens so sehr einsetzen wie für sich selbst,
- Glück und Leid miteinander teilen,
- Nähe zueinander und Abstand voneinander ausbalancieren,
- Dauer und Ausschließlichkeit ersehnen – und wenn sie
- zueinander sagen können: *Ich liebe dich so, wie du bist.*

Erfüllen sich diese sieben Sehnsüchte nicht, sollte man eher von Verliebtheit sprechen. Umgekehrt lehrt die Erfahrung: „Übermäßige Anpassung macht beide kaputt" (*Hannelore Unruh*).

Die einen machen Liebe („faire l'amour", „make love"), die anderen werden von der kosmischen Kraft der Liebe überwältigt. Man liebt nicht vor sich hin, sondern über sich hinaus oder gar nicht. Alles andere ist Liebesbetrug und Selbstbetrug zugleich.

„Liebe ist der Entschluss, das Ganze eines Menschen zu bejahen, die Einzelheiten mögen sein, wie sie wollen" (*Otto Flake*, 1880-1963).

Wer verliebt sich in wen und warum und für wie lange? Wir lieben den Menschen, der zu uns „passt", der im Leben wie im Märchen zum anderen Ich und Vertrauten wird – mit dem Unterschied, dass ein Irrtum im Leben korrigierbar ist und im Märchen praktisch nicht vorkommt.

In jüngeren Jahren dachte ich, die Liebe, vor allem die romantische Liebe, ist – allen Treuebrüchen zum Trotz – der schönste und beglückendste Irrtum speziell des Abendlandes, ein Irrtum, der aufkommt mit dem Minnesang im 12. Jahrhundert.

Heute, als alter Mensch, sehe ich in der Liebe vor allem die Nähe und Geborgenheit intimer Zweisamkeit. Hitze und Wildheit der Jugend und der mittleren Jahre sind einer ruhigen Liebesgewissheit gewichen. Liebe, Erotik und Sex werden also auch im Alter immer wieder gesucht und gefunden.

*Glücklich ist, wer nichts mehr wünscht*
*und nichts mehr fürchtet.*
Seneca

## *17. Liebeslied für eine alte Frau*

*Gezeichnet von so vielen Jahren,*
*an Falten reich ist dein Gesicht,*
*das, eingerahmt von weißen Haaren,*
*auch ohne Worte zu mir spricht.*

*Durch das, was hinter dir liegt,*
*haben unzählige der Runzeln sich*
*in deine Haut tief eingegraben.*
*Wenn ich dich sehe, denke ich:*

*Nach schwerer Zeit noch Freundlichkeit,*
*das gibst du mir ganz unbeirrt.*
*Ich hoffe nur, dass deine Spur*
*mich lange noch begleiten wird.*

*Oft höre ich von allen Seiten,*
*dass nur die Jugend Schönheit hat.*
*Und doch: nur Oberflächlichkeiten*
*sind ohne Furchen, bleiben glatt.*

*Dort, wo das Leben, wo Erfahrung*
*sich ins Gesicht, ins Äußre gräbt,*
*mag es geschehen, dass ihr auch Nahrung*
*des Wissens an uns Jüngere gebt.*

*Ich weiß nicht, wie viel an Gewittern,*
*an Stürmen mir beschieden ist.*
*Doch niemals möchte ich verbittern*
*und freundlich bleiben, wie du's bist ...*

Ulrich Tietze
*(aus der Praxis eines Lüneburger Hautarztes)*

*Die Lektion, die man in diesem Leben lernen muss, ist: handeln, lieben, leiden.*
Johanna Franziska von Chantal (1572-1641)

## *18. Der Sinn des Lebens – ein schwedisches Waldmärchen*

*An einem schönen Sommertage war um die Mittagszeit eine Stille eingetreten. Die Vögel steckten ihre Köpfe unter die Flügel. Alles ruhte.*

*Da steckte ein Buchfink sein Köpfchen hervor und fragte: „Was ist das Leben?"*

*Alle waren betroffen über diese schwere Frage. Eine Rose entfaltete gerade ihre Knospe und schob behutsam ein Blatt ums andere heraus. Sie sprach: „Das Leben ist Entwicklung."*

*Weniger tief veranlagt war der Schmetterling. Lustig flog er von einer Blume zur anderen, naschte da und dort und sagte: „Das Leben ist lauter Freude und Sonnenschein."*

*Drunten am Boden schleppte sich eine Ameise mit einem Strohhalm, zehnmal länger als sie selbst, und sagte: „Das Leben ist nichts als Mühe und Arbeit." Geschäftig kam eine Biene von einer honighaltigen Blume zurück und meinte dazu: „Das Leben ist ein Wechsel von Arbeit und Vergnügen."*

*Wo so weise Reden geführt wurden, steckte der Maulwurf seinen Kopf aus der Erde und sagte: „Das Leben ist ein Kampf im Dunkel."*

*Die Elster, die selbst nichts weiß und nur vom Spott über die anderen lebt, sagte: „Was ihr für weise Reden führt! Man sollte wirklich meinen, dass ihr sehr gescheite Leute seid!"*

*Es hätte nun einen großen Streit gegeben, wenn nicht ein feiner Regen eingesetzt hätte, der sagte: „Das Leben besteht aus Tränen, aus nichts als Tränen."*

*Dann zog er weiter zum Meer. Dort brandeten die Wogen und warfen sich mit aller Gewalt gegen die Felsen, kletterten daran in die Höhe und warfen sich dann wieder mit gebrochener Kraft ins Meer zurück und stöhnten: „Das Leben ist ein stetes vergebliches Ringen nach Freiheit."*

*Hoch über ihnen zog majestätisch ein Adler seine Kreise, der frohlockte: „Das Leben ist ein Streben nach oben."*

*Nicht weit davon stand eine Weide, die hatte der Sturm schon zur Seite geneigt. Sie sprach: „Das Leben ist ein Sich-Neigen unter eine höhere Macht."*

*Dann kam die Nacht.*

*In lautlosem Flug glitt ein Uhu durch das Geäst des Waldes und krächzte: „Das Leben heißt, die Gelegenheit nutzen, wenn die anderen schlafen."*

*Schließlich wurde es still im Wald.*

(Quelle nicht bekannt)

*Ein guter Tag schenkt glücklichen Schlaf,*
*ein gutes Leben glücklichen Tod.*
Leonardo da Vinci (1452-1519)

## *19. Was vermindert Unlust, Traurigkeit oder Einsamkeit?*

**Genießen, dass man da ist**:

Ein heißes Bad mit Aromaöl nehmen; warm eingehüllt, mit einem heißen Getränk bei Musik und Aromalampe im Lieblingssessel vor sich hin träumen; gezielt fernsehen, spazieren gehen, wandern.

**Einfach tätig bleiben**:

Geregelter Tagesablauf mit Arbeit und Ruhe; telefonieren, schreiben, dichten, lesen, ein leichtes Essen kochen; sich eine Aufgabe, Arbeit oder Neigung zulegen, in der man ganz aufgeht (*Flow-Erfahrung*).

**Unter die Leute gehen**:

Einkaufen, Essen gehen, ins Kaffee gehen, über den Markt flanieren, Schwimmen gehen, Vorträge, Kurse und Konzerte besuchen, Gespräche führen.

**Menschen bewusst kontaktieren**:

Jemand helfen, ihm zuhören, ihn beraten, ihn erfreuen, ihm schreiben, ihn einladen, Einladungen annehmen; sich am Kirchgang erfreuen.

**Bewusst allein sein wollen und dies aktiv erleben**:

An gute Freunde denken, sein Lieblingsbuch lesen, aber auch neue Bücher entdecken; den eigenen Lebensrückblick erinnern und aufschreiben; kontemplativ und meditativ die Selbst- und Gottesfindung üben; die ernste Stimmung als Potential zu einem weiteren Reifungsschritt nutzen; beten.

**Wechsel des Milieus und des Ortes**:

Reisen, Kuren, Tagen, Abstand nehmen, Distanz (Zurückhaltung) gewinnen, Missgestimmte meiden, Gutgestimmte suchen.

**Wechsel der Perspektive, der Sicht der Dinge**:

Ein Wechsel der Blickrichtung – vielleicht durch ein Gespräch – ist geeignet, eine seelisch-geistige Blockade zu lockern oder frei zu machen.

Dazu ein Beispiel aus dem alten Orient:

Ein Vater liegt im Sterben und möchte seinen drei Söhnen 17 Kamele so vererben, dass der Älteste die Hälfte bekommt, der Zweite ein Drittel und der Jüngste ein Neuntel erbt. Die Söhne schaffen die Aufteilung nicht. Zu ihnen stößt ein Reisender und hört sich ihre Sorge an. Darauf stellt er sein Kamel dazu, gibt dem Ältesten die Hälfte (9 Kamele), dem Zweiten ein Drittel (6 Kamele) und dem Jüngsten ein Neuntel (2 Kamele), was zusammen 17 Kamele ergibt, besteigt sein (18.) Kamel und reitet weiter.

*Wer ohne jede Narrheit lebt,*
*ist nicht so weise, wie er glaubt.*
Francois de La Rochefoucauld (1613-1680)

## *20. Weisheit und Torheit des Spielens*

Im Spiel liegt ein friedenstiftendes Element. Seit der Antike verbinden Spiele die Völker zu edlem Wettstreit. Über der fröhlichen Fußball-Weltmeisterschaft 2006 lag in ihrem begeisternden und spielerischen Umgang mit der schwarz-rot-goldenen Fahne und der Hymne mehr als ein Hauch von Frieden und Völkerverständigung. Von Kind auf lernen wir, verlieren zu können. Als kleiner Junge kämpfte ich bei „Mensch ärgere dich nicht“ mit den Tränen, heute kommt es mir mehr auf schöne Spielzüge im Schach an, auch wenn ich verliere.

Im Spiel erfahren wir einen Unterschied der Geschlechter: Frauen spielen allgemein friedliebender und aggressionsfreier als Männer und zugleich sozialer und familiärer; nebenbei sehen sie nach der Mahlzeit auf dem Herd.

Liegt im Spiel Weisheit oder Torheit? Nach *Schiller* ist der Mensch „nur da ganz Mensch, wo er spielt“, doch widerlegte sich der Dichter durch sein Leben und Werk nicht selbst? Gleichwohl ist spielen gesellig und schafft Lebensfreude. Ich fühle mich wohl, wenn ich spiele, lerne sogar spielend Neues und schärfe meinen Geist. Es darf auch Ernst im Spiele sein.

Doch welche Torheit liegt im Spielen?

Ich könnte

- meine Entwicklung unsozial verspielen,
- mein Hab und Gut, sogar meinen Lebensherbst vertändeln und verspielen,
- süchtig, unersättlich bis zum Übermaß spielen,
- unfair spielen (etwa beim Tennis auf den Körper zielen),

- die eigene und fremde Würde verletzen (PC-Spiele mit virtuellem Töten),
- schlicht faul werden, und so mich und andere schädigen.

Andererseits liegt gewiss auch Weisheit im Spielen:

- Ich tauche in meine Kindheit ein,
- ich gebe im Spiel mein Bestes,
- ich erfülle den Urtrieb des Menschen nach gesellig froher Gemeinschaft,
- ich kann heiter und gelöst bleiben, statt verbissen auf Sieg zu spielen.

Dass jedoch unsere gesamte Kultur – angefangen von den Höhlenzeichnungen, über die Musik bis zum Tanz – aus dem Spiel entstanden ist, wie der niederländische Philosoph *Johan Huizinga* 1939 in seinem Werk „Homo ludens" (*Der spielende Mensch*) schrieb, halte ich für übertrieben; denn der Mensch ist primär ein Schaffender („homo faber"). Er möchte etwas produzieren, was bleibt, gebraucht oder verbraucht wird. Das Spiel dagegen dient der Freude ohne praktisches Ziel. Die großen und schönen Dinge – wie Kunst, Musik oder Bücher – entstehen meist nicht spielerisch, sondern nach Anstrengung und kreativer Verinnerlichung. Der Mensch ist deshalb nicht primär Spieler, sondern denkend-schaffendes Wesen. Er ist in seinem dritten Leben stolz darauf, solange wie möglich stoisch und autark für sich selbst zu sorgen, soziale Impulse weiterzugeben, Interessen, Neigungen und Begeisterung bei den Enkeln zu fördern – dies verbunden auch mit Spielelementen.

**Ergebnis: Spiel hat seine Zeit, sein Maß und seine Weisheit.**

Schönheit und Reichtum des Lebens sehe ich allerdings weniger im Spiel als in der Natur, in Kunst, Musik, Literatur, in Liebe und Philosophie, in Religion und in Ideen. Hier dominiert gegenüber dem Spielbein heiterer Gelöstheit das Standbein tiefen Ernstes.

Doch manche Spiele, wie etwa Schach, offenbaren uns Reiz und Anmut des Schönen. Der frühere Weltmeister und Zauberkünstler *Alexander Aljechin* spielte so voller origineller Ideen, reich und klangvoll orchestriert, dass das Publikum entzückt war.

Ebenso spielt die Ungarin *Judit Polgar*, lange stärkste Spielerin der Welt, Opferkombinationen, wofür sie Schönheitspreise gewinnt. Dies ist Ästhetik vom Feinsten, stilvoll schön, wie aus dem Glasperlenspiel Hermann Hesses.

Für mich passt hierzu der Satz von *Joseph Brodsky*: „**Das Ziel der Evolution ist Schönheit**.“ Ich ergänze mit John O'Donohue: „**Das Tor zur Schönheit ist die Vorstellungskraft**“, die sich zeigt in Meisterpartien voller Schönheit und Weisheit.

*Viele Menschen versäumen das kleine Glück,*
*während sie auf das große vergebens warten.*
Pearl S. Buck (1892-1973)

## 21. Was ist Glück und wodurch werde ich glücksfähig?

Glück ist eine Stimmung, ein Wohlbefinden, ein Erleben, ein Vergnügen, ein Zustand der Harmonie, des Einklangs von Wunsch und seiner Befriedigung, ein Zustand vollkommener Wunschlosigkeit („Ich bin wunschlos glücklich"), also ein Zustand, der auf sehr verschiedene Weise erreicht werden kann, etwa

- im äußeren materiellen Besitz, z. B. im Konsumglück der Schnäppchenjäger und Häuslebauer;
- im Genuss von Essen, Trinken und Suchtstimulantien;
- bei Sport und Spiel;
- in der Steigerung persönlicher Macht;
- im kreativen Schaffen;
- in einer Arbeit, bei der ich die Zeit vergesse;
- in der Freundschaft;
- in der Erkenntnis von Wahrheit, z.B. in der Philosophie nach *Platon* in der Einsicht in die Idee des Guten und Schönen;
- in der Erreichung bestimmter Tugenden, wie Toleranz und Freiheit von Vorurteilen;
- in einer Liebe, in der ich über mich selbst hinauswachse.

Glück ist nur möglich in einer friedfertigen und menschenwürdigen Gesellschaft.

Nach *Epikur* (342-270 v. Chr.) ist Glück Lust, aber nicht Lust pur, sondern neben geistiger Lust die Vermeidung von Schmerz und Leid durch

- kluge Abwägung der Genüsse;
- Selbstbeherrschung bzw. Selbstdisziplinierung;
- Furchtlosigkeit gegenüber dem Tode;
- ein Leben in unerschütterlicher Seelenruhe und Zurückgezogenheit.

*Wodurch bin ich fähig, Glück zu empfinden?*

Das hängt nicht von Geld und Gut ab, sondern von meinem Selbstwert und Streben nach ethischen Werten für Gemeinschaftsziele und davon, in Einklang mit der Natur und der Vernunft zu leben – z. B. auf frühe Warnungen des Körpers zu achten oder aufzuhören, wenn es am besten schmeckt.

*Beispielhaft nenne ich einige Wege zum Glück*:

Entspannen, Massage, Meditation, Lachen, Musik hören, Tanzen, Wandern, Bergsteigen, Lieben und Schmusen, soziales Engagement, Gartenarbeit, Probleme lösen, geglückte Selbstbeherrschung oder: sich beim Zubettgehen einfach wohlig geborgen fühlen.

*Nach Wolf Schneider gibt es drei Arten von Glück*:

Das große Glück (der Blitz gegenseitiger Liebe, die Olympia-Medaille), das kleine Glück (Feste und Jubiläen) und die lange Zufriedenheit.

*Ein Verstand, der die Füße in einem Sack von Vorurteilen stecken hat, der kann nicht nach dem Ziel laufen.*
Bettina von Arnim (1785-1865)

## *22. Meine Vorurteile: anerzogen? Selbst zugelegt? Kann ich sie loslassen?*

Die Masse dessen, worüber wir urteilen, haben wir aus zweiter Hand. Eigene Beobachtungen und Erfahrungen machen nur ein winziges Bruchstück unseres Wissens aus. Zu mehr fehlt uns Zeit und Kraft. Wir müssen uns also auf das Wissen und die Erfahrung anderer (z. B. Steuerberater) verlassen.

Ein Vorurteil ist nach dem Deutschen Wörterbuch der *Brüder Grimm* eine vorgefasste, irrige Meinung. Zuvor – und zwar schon im 16. Jahrhundert – war ein Vorurteil (abgeleitet vom lateinischen „praeiudicium“) ein Urteil, das dem juristischen Endurteil vorausging.

Lessing sprach vom Vorurteil gegen die uneheliche Geburt. Später war das Vorurteil eine Voreingenommenheit, wie bei einem Greis, der sich die „Ohren verstopft“. Man sprach im 18. Jahrhundert von Königen, deren Verstand schwach, deren Herz böse und deren Vorurteile stark seien.

Nach *Marie Ebner-Eschenbach* ist ein Vorurteil der Punkt, von dem jeder Esel die vernünftige Welt aus den Angeln hebt.

*Klopstock* sprach 1774 von Menschen, die vor Dünkel und Vorurteilen nicht wissen, wo sie hinwollen.

Die Marxisten hielten z. B. die Freiheit für ein bürgerliches Vorurteil.

Besonders dumme Vorurteile sind Rassismus und Hexenglaube. Dagegen ist der Glaube an einen Schöpfer, der guten Willens ist, überhaupt kein Vorurteil, sondern eine

Glaubensüberzeugung. Des Weiteren umstritten sind persönliche Meinungen, Wertungen, Einschätzungen, Wünsche, Hoffnungen und Erwartungen. Sind solche Äußerungen Urteile, Vorurteile oder keines von beidem, weil von besonderer Qualität?

Vorurteile und andere Schwächen begleiten uns von Geburt an. Sind wir vielleicht in unseren Vorurteilen und Vorlieben, in Abneigungen und Sympathien ungerecht befangen? Eltern hegen für ihre Kinder ein günstiges Vorurteil, das sie blind machen kann. Aber versteht eine Mutter ihr Kind besser, wenn sie es aus theoretischer Distanz beobachtet wie ein Wissenschaftler ein Versuchskaninchen?

Ein Kind wächst zunächst mit Vorurteilen auf, es glaubt denen, die es erziehen. Das Zweifeln und Nein sagen kommt später. Noch später entstehen eigene Urteile. So gibt auch jeder Meister dem Lehrling sein Können weiter, und jeder Lernwillige lässt sich zunächst auf die Tradition ein.

Für mich lautet die schwierigste Frage zum Vorurteil, ob es Fähigkeiten oder Eigenschaften gibt, die Frauen oder Männer besser beherrschen.

Typische Domänen der Männer: Technik, Komposition, Schach, Philosophie, Skat, Machtstreben, Auto fahren, Fremdgehen ...

Typische Domänen der Frauen: Liebe, Kleinkinderziehung, Geduld, Bridge, Handarbeit, Eifersucht, Mitleid, Mitgefühl ...

„Frauen können schlecht einparken“, „Franzosen sind die besten Liebhaber“, „die englische Küche ist schlecht“.

Solche Ansichten sind entweder unbeweisbare Pauschalurteile oder voreilige Urteile ohne Sinn und Verstand, ohne genügend Erfahrung, Beobachtung, Recherche oder ohne überlegtes Kombinieren. Urteile sind Sätze, die ein Subjekt mit einem Prädikat verbinden, etwa: „Schiedsrichter sind unbestechlich." Wird dieser Satz nicht durch Erfahrung und Untersuchung erhärtet, so ist er kein Urteil, sondern ein Vorurteil.

Das grausamste Vorurteil hatte *Hitler*: „Der Jude als Untermensch ist auszumerzen" und zuletzt der *Sniper von Washington*: „Du bist ein Mensch, mehr brauche ich von dir nicht zu wissen."

Vorurteile sind nach *Kant* Urteile, die dem Verstand zuvorkommen. Diesen Mangel an Urteilskraft nennt er Dummheit. War also *Hans im Glück* ein naiver Dummling oder ein glücklicher Träumer? Er war meines Erachtens beides.

Gemeinhin sind Vorurteile unbewiesene Behauptungen, vorgefasste Meinungen oder willkürliche Bewertungen von Sachverhalten, deren Realität umstritten oder falsch ist. Falsch sind Generalisierungen wie: die Ausländer, die Politiker, die Beamten, die Blondinen, die Ostfriesen oder die Dicken.

Psychologisch gesehen könnten Vorurteile eigene Schwächen sein, die wir uns nicht eingestehen und anderen zuschreiben, etwa dem anderen Geschlecht, einer anderen Altersgruppe oder kulturell, politisch oder religiös Andersdenkenden.

Wie kommen wir frei von Vorurteilen?

- Verbieten Sie sich selbst jede Verallgemeinerung wie: die Frauen, die Polen, die Italiener ...
- Weichen Sie freundlich aus: „Für dieses Thema interessiere ich mich nicht."
- Oder: „Hierzu habe ich mir noch kein Urteil gebildet."
- Seien Sie sich bewusst, dass man über Geschmack, Politik, Kunst, Religion und Moral trefflich oder gar nicht streiten kann. Solche Wertungen sind subjektiv und relativ.

- Vielleicht hilft Ihnen auch die Einsicht, dass viele Urteile unter dem Vorbehalt des jeweiligen Standes der Forschung stehen.

Können und wollen wir uns wirklich von Vorurteilen befreien? Oder brauchen wir sie, um ins Gespräch zu kommen? Wenn wir ernsthaft mit uns zu Rate gehen, können wir uns viele Pauschalurteile versagen. Was wir jedoch kaum ablegen können oder sogar nicht einmal wollen, sind Vorlieben und Abneigungen, die in Fleisch und Blut übergegangen sind – wie Essgewohnheiten und andere Lebensgewohnheiten sowie Traditionen, an denen wir hängen und die uns zur zweiten Natur geworden sind.

Leider beurteile ich Dinge immer noch zu leichtfertig und vorschnell. Was wir lernen könnten, wäre die Einsicht, viel behutsamer im Be- oder Verurteilen von Menschen, Sachverhalten und Ansichten zu werden, indem wir Aussagen in Fragen kleiden und mit einem „Vielleicht" beginnen. Und: bloße Behauptungen anderer und Gerüchte *nicht* weiter tragen!

Möglicherweise habe ich unbewusst mehr Vorurteile, als mir lieb ist. Voll bewusst wurde mir allerdings ein Vorurteil, dass ich inzwischen abgelegt habe. Lange Zeit war ich mit *Kant* und *Hegel* für die Todesstrafe. „Hat er gemordet, so muss er sterben", schrieb Kant. Heute sehe ich darin ein Vorurteil, schon weil ich gar nicht wissen kann, was schlimmer ist, der schnelle Tod oder die lange Haft.

„Es ist leichter, ein Atom zu zertrümmern, als ein Vorurteil" (*Albert Einstein*, 1879-1955).

„Das wirkliche Übel kommt aus brutalen und grausamen Vorurteilen" (*Yehudi Menuhin*, 1916-1999).

*Der Kluge ärgert sich über die Dummheiten, die er machte, der Weise belächelt sie.*
Curt Goetz (1888-1960)

## *23. Erinnern und Vergessen*

Gedächtnis ist der Schatz unserer Erinnerungen, Erfahrungen und Erlebnisse, das Archiv unseres Wissens und Wollens, Denkens und Fühlens, Könnens und Verstehens.

Retrospektiv erinnert das Gedächtnis Vergangenes und merkt sich prospektiv Zukünftiges, wie Einkäufe, Arztbesuche oder Abfahrtszeiten. Wann und wozu habe ich Termine? Ferner speichert das Gedächtnis Sprachliches (*Semantik*) und Sinneseindrücke (*Sensorik*).

Die Fähigkeit des Gehirns, sich etwas zu merken, hängt von den Zellen (*Neuronen*) und der Anzahl ihrer Verbindungen (*Synapsen*) ab.

Nicht selten helfen Eselsbrücken unserem Gedächtnis auf die Sprünge. Solche Eselsbrücken, die Schlüsselbretter des Gedächtnisses, lernten wir schon in Erdkunde: „Iller, Isar, Lech und Inn fließen rechts zur Donau hin. Altmühl, Wörnitz, Naab und Regen kommen ihr von links entgegen." Eine andere Eselsbrücke hilft, sich die Töne der Saiten einer Gitarre einzuprägen: „Eine Alte Dame Geht Heute Einkaufen."

Eine solide Lebensweise, frei von Stress und Angst, unterstützt das Gedächtnis. In der neurologischen Forschung scheint vor allem der Schlaf aktiven Anteil an den Merkvorgängen zu haben (Näheres: *Crosilie*, Unser Gedächtnis, 2006). Empfohlen werden ruhige Nächte, erholsamer Schlaf, feste Zeiten, frühes Aufstehen, eine maßvolle Ernährung und wenig Alkohol. Aber auch dann besitzen wir noch kein „Elefantengedächtnis". Elefanten speichern sprichwörtlich gut und vererben die Kenntnis von Gefahren über mehrere Generationen.

Seit Kindertagen haben wir ein autobiographisches und episodisches Gedächtnis unserer persönlichen Erinnerungen und Erlebnisse. Eine der Erinnerungen taucht plötzlich wieder auf, wenn es irgendwo so muffig riecht, wie damals in der Wohnung einer alten Frau, der ich als 7-Jähriger die Socken zum Stopfen brachte.

So nützlich es ist, sich zum Thema Gedächtnis Begriffe und Einteilungen zu merken, so wenig verhindert das, dass ich gelegentlich abends meine Tablette vergesse (Gegenmittel: Wecker stellen!) oder ein geplantes und sogar notiertes Treffen am entscheidenden Tag aus purer Vergesslichkeit versäume.

Es entlastet unser Gedächtnis, wenn wir Gegenstände wie Schlüssel ans Schlüsselbrett dorthin räumen, wo sie wieder gebraucht werden.

Die meisten Erinnerungen haben wir an die Lebenszeit zwischen 15 und 30 Jahren. So erinnert man sich noch genau, wo und wie man sich kennen lernte (Kleidung, Aussehen, Umstände).

Von größtem Einfluss auf die Merkfähigkeit ist die Konzentration. Für das rechtzeitige Aufsetzen auf die Landebahn zählt für Piloten jede Zehntelsekunde. Geballte Aufmerksamkeit (visuell, akustisch und taktil) ist alles. Feinde jeder Konzentration sind ein überfüllter Magen, Alkohol, Drogen, Tranquilizer, Antidepressiva, Stress und Übermüdung.

Vor allem existiert das Gedächtnis nicht ohne Gefühle, Ängste und Wünsche, die mit ihm verknüpft sind (*Sigmund Freud*). Wahrscheinlich können wir Erinnerungen „einbestellen“ oder „abbestellen“, aber nicht völlig verdrängen, die in unerwarteten Momenten immer wieder „einschießen“. Gegen Freud wird vorgebracht, es gäbe die „geglückte Verdrängung“. Doch nach meiner Erfahrung tauchen unerwünschte Erlebnisreste bis in den Traum hinein immer wieder auf. Das Zauberwort ist nicht die „geglückte Verdrängung“, sondern die „stille Verzeihung“ gegenüber mir selbst, wie auch gegenüber anderen.

Im höchsten Alter könnte ich vergessen, wer ich bin und wo ich bin. Nicht vergessen möchte ich, dass ich existiere, um meine Aufgaben, Vorsätze, Pflichten und Absichten zu erfüllen. Gelingt dies in etwa – Verzichte inbegriffen –, ruhe ich endlich in mir selbst.

*Ephraim Kishon* scherzte einmal: „I can never forget a face, but in your case I make an exception“ (*Ich vergesse niemals ein Gesicht, aber in Ihrem Fall mache ich eine Ausnahme*). Von solchen Ausnahmen bei Menschen, Dingen und Ereignissen, die ich als Hochbetagter nicht mehr lesen, sehen oder hören, sondern vergessen will, gibt es unzählige.

Die Philosophie der *Stoa* erlaubt sich die Arroganz und hält für uns das Altersprivileg bereit, auf die Masse aus Politik und Zeitgeschichte, auf Internet und Bildungswissen umstandslos zu verzichten: „Berührt oder interessiert mich nicht“ (*Epiktet*, griechischer Philosoph). Unwichtig und langweilig wird dann, was *Machiavelli* über die Fürsten, *Voltaire* über den Fortschritt oder *Nietzsche* über den Willen zur Macht geschrieben haben. Ich will also bewusst und gewollt geläufige Bildungsmaterien vergessen und lehne es ab, darauf zu warten, bis mein Gedächtnis mich verlässt, während man uns landläufig (so etwa im Philosophischen Wörterbuch von *Schischkoff* unter „Vergessen“) lehrt, dass das Vergessen von Wissensdaten auf fehlender Weiterbeschäftigung beruht.

Aber ich mache mir nichts vor: Der Alltag fordert unablässig mein Gedächtnis heraus: „Wo ist meine Brille?“ „Ist meine Garderobe in Ordnung?“ „Ist der Herd aus, das Licht gelöscht und die Wohnungstür verschlossen?“ HWL „Herd, Wasser, Licht“ stehen als „Cockpit Drills“ innen an meiner Wohnungstüre, und so laufe ich die Räume vor dem Verlassen sicherheitshalber noch einmal ab.

A und O eines funktionierenden Gedächtnisses ist die gut organisierte „Zettelwirtschaft" mit Zetteln, Listen, elektronischen Terminplanern, Notizbüchern, Kalendern und Zeitschaltuhr und das Assoziieren (in Eselsbrücken denken), Visualisieren (vorstellen in Bildern) oder Lokalisieren (verbinden des zu Merkenden mit Räumen oder Gegenständen, z.B. „Kühlschrank: Milch einkaufen!").

*Wie könnte ich Altersvergesslichkeit vermutlich noch lange hinauszögern?*

Praktische Gedächtnishilfen:

- Die Sofort-Erledigung: Einfälle sofort erledigen oder notieren.
- Die vorbereitende Erledigung: Gegenstände ins Auto, Zettel in den Einkaufskorb.
- Die Wegwerfbereitschaft: Wenig sammeln und immer wieder Ordner und Papiere „ausmisten".
- Die Pause: Mehrmals täglich innehalten; was ist getan, was noch zu tun?
- Methodisch vorgehen: planmäßig, durchdacht, das Lästigste zuerst.
- Das sofortige Aufräumen: Chaos steigert die Vergesslichkeit.
- Die geregelte Ordnung: Alles auf seinen Stammplatz, minutiöse Ablage.
- Neues nach System einprägen: Für wen oder was merk' ich mir das?

Bedeutsam für das Gedächtnis ist die Lebensweise:

- Richtig ernähren, altersgemäß, sparsam dosiert.
- Viel trinken, zwei bis drei Liter täglich.
- Mäßigkeit bei Alkohol, Tabak, Kaffee, Tee und Psychopharmaka.

- Freude an gutem Schlaf.
- Unfreiwillig schlaflose Nachtstunden gelassen gestalten.
- Für guten Blutdruck sorgen.
- Freude an Bewegung, z. B. Schwimmen und Radfahren.
- Sinnvolle Aktivitäten, gute Kontakte und Freundschaften pflegen.
- Zufriedenes Selbstwertgefühl und Selbstbewusstsein aufbauen und beibehalten.
- Die grauen Zellen stets trainieren.

Körper, Seele, Geist, Gedächtnis, Gefühle und Gedanken hängen zusammen und machen uns zu dem, was wir im Alter werden und sind.

*Zufall ist ein Wort ohne Sinn.*
*Nichts kann ohne Ursache existieren.*
Voltaire

## 24. Zufall und Gleichzeitigkeit

Sind zeitgleiche Ereignisse besonders bedeutsam oder nur alltäglich und normal?

Ich halte es im Prinzip für naiv und banal, in ein zeitliches Zusammentreffen von zwei Ereignissen mehr hineinzugeheimnissen, als einen beiläufigen Zufall des Alltags. Es ist auch nicht mehr als eine Laune der Natur bzw. der Evolution, dass Zoologen bemerkt haben, dass Affen auf einer Insel irgendwann Hackfrüchte im Meerwasser wuschen und weit entfernt davon zeitgleich andere Affen das Gleiche machten.

Ebenso wenig glaube ich, dass ein höheres Wesen seine Hand im Spiel hat, wenn – wie geschehen – *C. G. Jung* mit einer Patientin im Wald spazieren geht und diese von ihrem Traum berichtet, der zur gleichen Zeit scheinbar von der Wirklichkeit eingeholt wird: Sie habe von einem Fuchs geträumt, der ihr ihren Weg gewiesen habe. In diesem Moment taucht vor den beiden tatsächlich ein Fuchs auf und verschwindet wieder. Ein merkwürdiger Zufall? Eine Gleichzeitigkeit von Traumbericht und Faktum? Beides liegt sicher vor, ja ist sogar mehr als eine banale Beiläufigkeit – aber kein schicksalhaftes Omen, es sei denn, die Patientin will dies so glauben. *Patricia Tudor-Sandahl* überhöht die Rolle des Zufalls bzw. hier die Rolle des Fuchses, wenn sie dazu schreibt, dass wir in solchen Fällen in Verbindung mit einer höheren Macht stehen. Das ist mir zu esoterisch-geheimnisbeladen.

Gewiss, es gibt Zufälle in allen Richtungen: glückliche und unglückliche, grausame und liebenswerte, denkwürdige und alltägliche, aufregende und langweilige. Wenn nicht zusammenhängende Vorgänge, Begebenheiten und Ereignisse zeitgleich zusammentreffen, spricht man von *Synchronizität* oder *Synchronismus*. Im Internet verzeichnen diese Begriffe Tausende von Treffern. In einem Online-Tagebuch können wir synchrone Erfahrungen austauschen. Ein anderes umstrittenes Beispiel betrifft die Frage, ob es Gedankenübertragungen gibt: Ich denke voll Sehnsucht an jemand und erhalte just in diesem Moment die ersehnte E-Mail. Gibt es das, eine E-Mail auf spirituellen Wunsch und Bestellung? Der Volksmund spottet: „Wer es glaubt, wird selig!" Anders gefragt, kann ich telepathisch, d.h. fernfühlend oder durch Gedankenübertragung, andere in meine Wunschrichtung dirigieren? Ich meine, nein!

Aber vielleicht bin und bleibe ich „ein ungläubiger Thomas"! Und vielleicht ist doch etwas dran, wenn man in Märchen lesen kann: „In alten Zeiten, als das Wünschen noch half ...".

Wenn Sie so an Zufälle glauben, wie andere an Schutzengel, so möchte ich Ihnen Ihren Glaubensschatz – *wenn und weil ich es glaube, trifft es ein* – unter keinen Umständen antasten, sondern nur für mich persönlich Zweifel an seiner Richtigkeit anmelden.

Hinter dem Thema Zufälle steckt noch eine andere Frage: Gibt es subjektiv sinnvolle Zufälle bzw. zeitgleiche Doppelereignisse, die sich später für mich als bedeutsam erweisen? Das gibt es gewiss. Ich denke an Begegnungen, etwa im Urlaub oder in der Kur, wo wir Zeit und Aufgeschlossenheit mitbringen, woraus später bleibende Freundschaften entstehen.

Verschlössen wir uns gegenüber solchen Kontaktmöglichkeiten, so wäre unser Leben wesentlich ärmer. Was also im ersten Moment eher zufällig auftritt, kann später zentraler Bestandteil meines Lebens werden.

Zusammengefasst sei gesagt: Denkwürdige Zufälle aller Art gibt es. Ich bewerte sie zunächst zwar nüchtern, halte sie aber für ausbaufähig. Für den weiteren Verlauf kommt alles darauf an, wie ich den Zufall gestalte. Je nachdem bleibt der Zufall *nichtssagend* oder wird *zu meinem Schicksal*.

Für *Goethe* war die Welt ein Gewebe aus Zufall und Notwendigkeit. Anders *Schiller*: „Es gibt keinen Zufall, und was uns blindes Ohngefähr nur dünkt, gerade das steigt aus tiefsten Quellen" (*Wallenstein*).

Ich neige eher *Schiller* zu. Zumindest hat doch vieles eine Ursache, die ich nur nicht erkenne. So ist es kein Zufall, ob eine Tür offen oder zu ist. Denn dafür gibt es eine Ursache. Es ist auch kein Zufall, wenn sich zwei Menschen begegnen und ihre Zukunft gemeinsam gestalten, sondern es ist ihr Schicksal, auf das sie sich einlassen. Dahinter kann sich eine Weisheit verbergen, die mir erst später offenbar wird.

„Werde, der du bist" (*Pinda*).

„Das Leben ist kurz, die Kunst ist lang, der rechte Moment drängend, der Versuch trügerisch, der Entscheid schwierig" (*Hippokrates*).

„Ach, welch größeres Vergnügen kann dir gewährt werden, als dazuliegen und unter sicherem Dache im Schlummer einem prasselnden Regen zuzuhören" (*Sophokles*).

„Lebe zurückgezogen. *Lathe biosas*" (*Epikur*).

„Ein Leben ohne Selbsterforschung verdient nicht gelebt zu werden" (*Sokrates*).

„Frei ist, wer in jedem Augenblick seines Lebens sich selbst folgen kann. Leben in der Liebe zum Handeln und leben lassen im Verständnis des fremden Wollens sind die Grundhaltung freier Menschen. Sie kennen nur das Sollen, das mit ihrem Wollen intuitiv übereinstimmt. Was sie jeweils wollen werden, sagt ihnen ihr Ideenvermögen" *(Rudolf Steiner*).

*Ich mag die Freiheit, die das Alter gibt.*
Ursula Lebert (1931-2009)

## 25. Was ist mit dem Höhenweg des Alters gemeint?

Im wörtlichen Sinn ist ein Höhenweg ein ebener Spazierweg auf einem Berg oder an einem Berghang – wie etwa der Heidelberger Philosophenweg über dem Neckar, der Freiburger Kanonenweg um den Schloßberg oder der Höhenweg auf der Seiser Alm in den Dolomiten.

Im übertragenen Sinn ist der Höhenweg des Alters ein Weg zur Altersweisheit, wie ihn *Judith Giovanelli-Blocher* beschreibt:

- Ich werfe Ballast ab, lasse los, werde leicht, souverän und frei.
- Ich kenne mich in mir selbst aus und nehme mich an.
- Ich kann an meiner Biographie arbeiten.
- Ich kann im Stillen manchen vergeben.
- Mein Alter ist weder Tabu noch Gesprächsthema: Ich altere einfach.
- Ich nehme mir in den täglichen Gewohnheiten neue Freiheiten, ändere Prioritäten variabel, beweglich, disponibel und teile meine Mahlzeiten und den Schlaf neu ein.

Doch wann entscheide ich, wo und wie ich wohne? Zuhause oder im Heim? Alterskunst und Starrsinn liegen nahe beisammen. Auch hier gilt: Wenn ich mich nicht bewege, werde ich bewegt. Als Altersgewinn auf dem Höhenweg kann sich Lebenserfahrung mit Weisheit paaren. Kriterien der Weisheit sind:

- Ein umfassendes Wissen über den Verlauf des Lebens,

- ein reiches Strategiewissen, um Probleme sinnvoll zu lösen,
- die Einsicht, dass Werte und Prioritäten relativ sind und
- eine gute Balance zwischen aktiver und passiver Lebensweise.

*Judith Giovanelli-Blocher* zieht Schlüsse, die zum Nachdenken herausfordern:

- Alles menschliche Tun, gerade auch die Friedensarbeit, bleibt vergeblich.
- Sorge tragen und einander helfen, ist der Leitspruch unserer alten Tage.
- Am Ende des Lebens bin ich das, was ich gedacht, geliebt und vollbracht habe.
- Der Kern der Altersweisheit, des Menschseins überhaupt, ist eine Art innerer Demut, die sich – so spinne ich den Faden weiter – verneigt vor der Größe und Schönheit der Schöpfung und dem von Vorbildern Geschaffenen; eine Demut aber auch, die Menschen bewegt, bis zuletzt ihr Bestes zu geben.

In der Existenzphilosophie Martin Heideggers (1889-1976) ist menschliches Dasein ein „Sein zum Tode". Im Kapitel über den Tod in „Sein und Zeit" schreibt er 1927: „Das Vorlaufen" (zum Tode) „erweist sich als Möglichkeit des Verstehens des eigensten äußerstens Seinkönnens, das heißt als Möglichkeit eigentlicher Existenz" (S. 263, § 53). Diese vorlaufende (im Denken vorwegnehmende) Entschlossenheit zum Tode führt unverhüllt an die Grenze des Daseins. Eigentlich existent ist ein Mensch, wenn ihm bewusst ist, dass die Welt demnächst ohne ihn läuft. Dieser Weltaugenblick muss ihm genügen.

*Die Zukunft war früher auch besser.*
Karl Valentin (1882-1948)

## *26. Wird wirklich alles anders, oder ist die Zukunft der Alten nicht längst schon da?*

Ein kurzes Resümee zu den Chancen, weiser zu werden: Relativ leicht können manche der beschriebenen Einsichten gewonnen und gelebt werden, beispielsweise:

- liebevoll sein, loben und verzeihen;
- eine stoische Nichtbefassung bei allem, wovon die Vernunft abrät;
- zuhören und ausreden lassen;
- Vorurteile erkennen und aufgeben;
- aufhören, wenn's am besten schmeckt;
- Namen ruhig vergessen und charmant wieder erfragen.

Vorschläge aus dem Gesamttext werden nach und nach in Ihr Weisheitsrepertoire einfließen.

Die Individualisierung der Alten setzt sich fort. Viele leben ihr eigenes Lebensmuster, ihren persönlichen Lebensstil. Dabei wird „selfness" (*Selbstverwirklichung*) wichtiger als „wellness".

Das tatsächliche Lebensalter bleibt für viele Jahre des Altseins relativ unwichtig für die Lebenssituation. Erst am Ende des Lebens münden alle ein in die letzte Einbahnstraße, in den „Point of no return".

Wer die Spielregeln beherrscht, wer gesund und verantwortlich lebt, soziale Netze knüpft, Freundschaften pflegt und sich mental und physisch fit hält, für den bleibt das Leben im Alter reich an Schönheit und ein großes Abenteuer im positiven Sinn.

Wir wissen, dass das Leben auch für die Alten immer teurer wird. „Gelingendes Altern bedeutet im höchsten Alter vor allem die Fähigkeit, auch extreme Einbußen kompensieren zu können“ (*Herrad Schenk*, Der Altersangst-Komplex, 2005). Wohl dem, der von sich aus locker vieles loslässt, was kostspielig ist – wie Reisen, das Auto, das Wellness-Hotel oder Theater-, Konzert- und Kinobesuche zugunsten einer Freizeit, die nichts kostet – etwa private Literaturzirkel, Spielkreise, Spaziergänge, Wandern und Meditieren.

Im höchsten Alter lassen einzelne Kräfte und Fähigkeiten nach oder fallen ganz aus. Niemand sieht voraus, was und wie ihm geschehen wird. Einige Ausfälle erscheinen hinnehmbar, etwa der Verlust des Gehörs oder (nicht und) die Erblindung. Anderes scheint ersetzbar, etwa die Gehunfähigkeit durch den Rollstuhl. Wieder Anderes erscheint mir persönlich kaum erträglich, wie der Verlust des Ichbewusstseins bei schwerer Alzheimer-Demenz. Doch das entscheidet jeder individuell nur für sich. Wer seinem Leben ein Ende machen will, muss sich Mittel mühsam beschaffen, und er muss mit der christlichen Moral der Ergebenheit in sein Schicksal ins Reine kommen. Es grenzt für mich an ein Wunder, wie viele Menschen ohne Schmerzen steinalt werden. Ich wünsche mir von den Ärzten, dass sie im Sterben die Abkürzung von Leid und Schmerz durch Morphium überall optimal sichern.

Zwei bemerkenswerte Thesen zur Altersweisheit enthält das Werk des 82-jährigen Wiener Sozialgerontologen *Leopold Rosenmayr*, „Schöpferisch Altern – Eine Philosophie des Lebens, Wien 2007“:

**These 1**: *Das Begreifen von Naturprozessen erleichtert das Altern.*

Der Kosmos altert, erkaltet und zerfällt. Dieser so genannte Wärmetod – Entropie – ist nur die eine Seite des Prozesses.

Die andere Seite der Entropie ist die Unordnung. Rosenmayr vergleicht den Ordnungsverlust durch Entropie mit einem total unaufgeräumten Schreibtisch, der keine produktive Arbeit mehr erlaubt. Das gelte bis in den Alltag alter Menschen hinein. Hören und Sehen und die zerebrale Steuerung des Gedächtnisses nehmen ab, ebenso die Reaktionsschnelligkeit und die Sexualität (abgesehen vom Begehren). Doch im Unterschied zur unbelebten Materie kann der Mensch sich selbst Energie zuführen. Auf dieser Einsicht bauen Ärzte, Psychologen und Soziologen auf, wenn sie von den „Heilkräften der Natur" sprechen. Wir leben zwar nicht unendlich, erschließen uns aber die Endlichkeit tiefer.

**These 2**: *Der Kapitalismus hat noch keine Alterskultur.*

Es ist marktkonform, das Alter schönzufärben. „Wo begegnen sie uns denn nicht, diese in Werbung und Regenbogenpresse stets lächelnden polierten Gesichter und beglückt Händchen haltenden alten Paare?" Glücklich sei, wer im Alter reichlich konsumiere.

Wer diese Schönfärberei aufgibt, kann wirkungsvoll *mit dem Alter und in ihm leben.* Altsein bedeutet: Leben mit Widersprüchen, Irrtümern, Fehlern und verschiedenartigen Schmerzen.

Der 91-jährige *Picasso* malt ein Selbstporträt und sieht sich selbst vor dem Tod, als blicke er ihm in die Augen. Rosenmayr erkennt darin einen Anstoß für die Einsicht in eine Lebenskunst im Alter. „Die Seele ist allzeit jung", predigte *Meister Eckhart* im 14. Jahrhundert.

> *Thou shouldst not have been old*
> *till thou hadst been wise.*
> ("Du hättest nicht alt werden sollen,
> ohne vorher weise zu werden",

*William Shakespeare*, König Lear, 1. Aufzug, 5. Auftritt).

Nach Rosenmayr ist die stärkste Alterswarnung der Weltliteratur die Darstellung des Untergangs von *König Lear* durch falschen Stolz. Gegenbild ist der seines Augenlichts beraubte, verzweifelte *Graf Gloucester*, dessen Sohn ihm das rettende Stichwort gibt: *Ripenes is all, come on* („Reifung ist alles, bleib dabei").

Reifung, Bildung und Lernen jenseits der 50 sind in Deutschland nach Erkenntnis der Bildungsforscher *Jürgen Baumer* und *Ursula Staudinger* leider noch keineswegs die Regel, sondern auf eine kleine Bildungs- und Arbeitselite konzentriert – und dies, obwohl wir länger und fitter leben und erst später hinfällig werden als unsere Vorfahren (Die Zukunft des Alterns, *Hrsg. Peter Gruss*, München 2007).

Wer heute 60 ist, sei biologisch etwa fünf Jahre jünger als die früheren 60-Jährigen. Die Forscher bezweifeln nicht unsere Fähigkeit, lebenslang zu lernen und uns fachlich, allgemein- und persönlichkeitsbildend bis ins hohe Alter zu verbessern. Doch reiche Alter allein nicht aus, um weise zu werden. Was fehle, sei ein Zuwachs an Lebens- und Selbsteinsicht. „Wachstumsprozesse im Sinne von Reife und Weisheit sind kein Automatismus".

Zur Würde des Alters gehört die Weisheit. Weise ist,

- wer gut zu altern versteht und von Thema zu Thema gelassener wird,
- wer nahezu wunschlos bei sich angekommen ist,
- wer die Angst vor dem Tode besiegt, weil sich sein Leben erfüllt hat,
- wer den Tod als einen natürlichen Vorgang erwartet (*Marc Aurel*) und
- wer an seinem Ende sagen kann: **Es war gut so, wie es war.**

Der chinesische Harvard-Philosoph *Tu Wei-Ming* (70) nennt zur Weisheit zwei Positionen:

*Ich bin ein Weiser, und: Ich kann niemals weise werden.*

Dies sind die Pole zwischen der in jedem von uns angelegten Möglichkeit, weise zu werden – und der Wirklichkeit, niemals ein Weiser zu werden.

Tatsächlich geht es auf dem Weg zur Weisheit um einen ununterbrochenen Prozess der Selbstverfeinerung, um eine Mobilisierung unserer Energie wie zur Erlangung musikalischer Meisterschaft. Auch der beste Geiger hört niemals auf zu üben. Der Weg zur vollkommenen Weisheit bleibt ein unerreichbares Ideal, dem sich Übende immer nur annähern können (nach *Barloewen*, S. 321).

# Teil II

## *Maßgebliche Weisheitsphilosophen*

In den östlichen wie westlichen Religionen gilt seit Jahrtausenden als der Königsweg zur Weisheit die Einübung in die Meditation, in die Mitte des Menschen. Gemeinsam ist den Übungswegen zur Weisheit die Konzentration des Geistes auf die Achtsamkeit unseres inneren Menschseins und persönlichen Selbst. Meditation ist ein Übungsweg, um vom Moralisch-Geistigen im Menschen zum Moralisch-Geistigen und zur Weisheit im Weltganzen zu finden. Im Folgenden erläutere ich einige der für die Menschheit maßgeblichen Lehrer der Weisheit.

### *1. Laotse – 6. Jh. v. Chr.*

Nach der Überlieferung wurde der Chinesische Philosoph *Laotse* („alter Meister“) im Jahre 604 v. Chr. im heutigen *Henian* geboren und soll sehr alt geworden sein. Sein jüngerer Zeitgenosse *Konfuzius* könnte ihn noch um Rat über die Sitten gefragt haben. Laotse entstammt einem vornehmen Adelsgeschlecht und wird kaiserlicher Reichsbibliothekar. Er sieht den Verfall des Reiches voraus und emigriert. An der Grenze, am Shan-Gu Pass wird er von *Yin Wenshi*, einem Gelehrten und Berater des Kronprinzen aufgefordert, sein Wissen aufzuschreiben. Danach verliert sich jede Spur von Laotse.

Bei *Bertolt Brecht* ist es nicht der Gelehrte, sondern ein Zöllner, der von Laotse Weisheit abfordert:

„Aber rühmen wir nicht nur den Weisen,
dessen Name auf dem Buche prangt!
Denn man muss dem Weisen seine Weisheit erst entreißen.
Darum sei der Zöllner auch bedankt:
Er hat sie ihm abverlangt.“

Dieses Werk wird das *Tao Te King* und nach Laotse begründet sich daraus die Lehre vom *Tao* oder der *Taoismus*. Diese Lehre geht aus vom Nichts als Ursprung der Welt, das als Tao „Weg“ weiterwirkt. Von ihm kommt alle Sinngebung. Das Tao führt den Menschen durch das Sein zum *SINN* oder je nach Begierden zum *Widersinn*. Der Mensch richtet sich nach der Erde, die Erde nach dem Himmel und der Himmel nach dem SINN, der SINN nach sich selbst (Tao Te King 25). Das Te („Kraft“) des Tao zeigt sich in der Stille und *King* bedeutet „klassische Urkunde“. Mit dem Tao leben heißt, der Selbstsucht und der Betriebsamkeit entsagen.

### *Auswahl aus dem Tao Te King*

*Wenn auf Erden alle das Schöne als schön erkennen,*
*so ist dadurch schon das Hässliche gesetzt.*
*Wenn auf Erden alle das Gute als gut erkennen,*
*so ist dadurch schon das Nichtgute gesetzt.*
*Denn Sein und Nichtsein erzeugen einander.*
*Schwer und leicht vollenden einander.*
*Lang und kurz gestalten einander.*
*Hoch und Tief streben zueinander.*
*Stimme und Ton harmonieren miteinander.*
*Vorher und Nachher folgen einander.*
Tao Te King 2

*Dreißig Speichen umgeben eine Nabe:*
*In ihrem Nichts besteht des Wagens Werk.*
*Man höhlet Ton und bildet ihn zu Töpfen:*
*In ihrem Nichts besteht der Töpfe Werk.*
*Man gräbt Türen und Fenster, damit die Kammer werde:*
*In ihrem Nichts besteht der Kammer Werk.*
*Darum: Was ist, dient dem Besitz.*
*Was nicht ist, dient dem Werk.*
Tao Te King 11

*Fünf Farben machen das Auge blind;*
*Fünf Töne machen das Ohr taub;*
*Fünf Gewürze machen den Gaumen schal;*
*Zu viele Begierden schwächen das Herz.*
*Der Weise erwägt alles und vertraut seiner inneren Sehkraft.*
Tao Te King 12

*Wer andere kennt, ist klug; wer sich selbst kennt, ist weise.*
Tao Te King 33

Hier könnte sich Laotse oder sein Übersetzer geirrt haben, weil Selbsterkenntnis noch nicht Weisheit ist, sondern erst der Weg zu ihr, die nur erreicht, wer sich selbst besiegt.

*Wer sich genügen lässt, ist reich.*
*Der Weise wünscht Wunschlosigkeit.*
Tao Te King 33 und 64

*Gremien muss man sachte leiten,*
*wie man kleine Fische brät;*
*Gestochere ruiniert sie nur.*
Tao Te King 60

Laotse empfiehlt drei Schätze:

*Liebe, sie verleiht Mut;*
*Demut, sie befähigt zur Leitung;*
*Genügsamkeit, sie macht weitherzig.*
*Wen der Himmel retten will,*
*den schützt er durch die Liebe.*
Tao Te King 67

## *2. Konfuzius – 551 - 479 v. Chr.*

Gegen Ende des Lebens sagt der weise *Konfuzius*: „Mit fünfzehn hatte ich den festen Willen zum Lernen, mit dreißig stand ich fest, mit vierzig hatte ich keine Zweifel mehr, mit fünfzig erkannte ich meine himmlische Berufung. Mit sechzig war mein Ohr aufgetan. Mit siebzig konnte ich dem Ruf meines Herzens folgen, ohne das Maß zu überschreiten.“ Doch wer war Konfuzius?

Vor etwa 2.500 Jahren lehrten *Sokrates*, *Zarathustra*, *Buddha* und *Konfuzius* Wege zur Selbstkultivierung des Menschen. Der einflussreichste von ihnen ist Konfuzius. Er wird 551 v. Chr. in *Lu*, im heutigen *Shandong*, geboren und entstammt dem verarmten Adelsgeschlecht der *Kung*. Sein Name ist *Kung-Fu-Tse*, was besagt „Meister aus dem Geschlecht der Kung“.

Der Vater stirbt drei Jahre nach seiner Geburt. Die Mutter ist die Tochter eines Gelehrten. Beide erziehen und unterrichten das Kind, das sehr lernbegierig ist, aber auch in Haus und Feld hart mitarbeiten muss. Sechs Jahre verbringt Konfuzius beim Großvater, dann stirbt der Gelehrte. Inzwischen hat der 18-Jährige tausende von Schriftzeichen gelernt und dazu die so genannten sechs Künste: *Ritus*, *Musik*, *Bogenschießen*, *Wagenlenken*, *Schreiben* und *Rechnen*. Mit neunzehn wird Konfuzius Beamter, Schreiber und Verwalter der Kornvorräte des *Herzogs von Lu*. Er heiratet und hat eine Tochter und einen Sohn.

Zehn Jahre später gründet er eine Schule, um das Bildungsdefizit der Beamten zu beseitigen. Gelehrt werden die sechs Künste und die Kenntnis der *Li* (Regeln des Verhaltens). Die Absolventen sollen als integre Führungspersönlichkeiten den Fürsten als Berater, Politiker und Beamte dienen, wie es ähnlich heute in der Verwaltungshochschule in Speyer und in der Elitehochschule (*ENA*) in Paris geschieht.

Die Li gehören zu den Riten und sind die guten Lebensregeln für die öffentliche Moral, das private Handeln, das Hofzeremoniell, die Kleidung, das Grüßen, die Trauer um Verstorbene sowie für Speisevorschriften und Anstandsformen. Der Philosoph *Schopenhauer* fand Konfuzius Werk fad und langweilig. *Hegel* störte das Herumreden, etwa zum Thema Tod. Doch damit wird man Konfuzius nicht gerecht. Älteste Quelle für seine Lehre ist das *Lun Yü* mit 500 Aphorismen, gesammelt von Schülern. Sie gehören zu den kulturellen Wurzeln der Menschheit, von denen große Teile Ostasiens ungebrochen bis heute zehren.

Konfuzius bringt es bis zum Justizminister des *Herzogs von Lu*. Der intrigante Nachbarfürst *Qin* hasst ihn ebenso wie seine Neider im Inneren und macht dem Herzog listig ein großes Geschenk: 120 Pferde sowie 80 hübsche Tänzerinnen und Musikantinnen sollen ihn von den Staatsgeschäften entfernen und Zwietracht zwischen ihm und Konfuzius säen. Die List gelingt. Die Geschäfte bleiben unerledigt, die Kritik des Konfuzius stört den Herzog. Voll Schmerz und Entrüstung legt Konfuzius sein Amt nieder und verlässt Lu, um nach einem weisen Fürsten zu suchen. Andere Fürsten unterstützen ihn nur finanziell, so dass er nach 13 Jahren Wanderschaft wieder nach Lu zurückkehrt. Ihm bleiben nur seine Schüler, von denen er etwa 3.000 ausbildet. Als Politiker gescheitert, geht Konfuzius als großer Pädagoge in die Geschichte ein. Seine Ziele:

- Durch Anleitung zum selbstständigen Denken gelangen.
- Zugang zur Schule aus allen sozialen Schichten.
- Mut zur Kritik auch gegen Konfuzius selbst, der selbstironisch seine Fehler gesteht.
- Rücksicht auf das jeweilige Wissensniveau.
- Jeder lernt für sich selbst, nicht um andere zu beeindrucken.

- Verantwortungsbewusstsein und Bildung sind ein Beitrag zum Gemeinwesen: „Hart studieren, um Stütze des Staates zu werden.“
- Der Schüler soll ein Edler werden, den er *Junzi* nennt; er soll zur Bildungselite gehören und sich im Sinne des Menschlichseins selbst kultivieren. Zugleich soll er die Familie harmonisieren, den Staat ordnen und die Welt befrieden helfen.
- Der Junzi soll sein Tun und Reden aufrichtig überprüfen.
- Selbstkritik und Erforschen des Inneren bis zur Selbstanklage sind wesentlich.

Chinesen berufen sich im Allgemeinen weder auf Gott noch auf christliche Nächstenliebe oder Kantsche Vernunftethik, sondern auf nüchternes konfuzianisches Mitmenschlichsein: „Der Mensch ist des Menschen Maß“ oder „Der gute Mensch ist menschlich, und das ist alles“ (*Mengzi*).

Über seine Lehre schreibt Konfuzius: „Ich bin ein Überlieferer und kein Neugestalter, ich glaube an das Altertum und liebe es.“ Vier Dinge lehrte der Meister: *Literatur*, *Ethik*, *Treue* und *Wahrhaftigkeit*. Fragen über den Tod, über das Woher und Wohin des Menschen lehnte er ab: „Wenn man noch nicht einmal das Leben kennt, wie kann man da den Tod kennen?“

Noch heute lebt seine Lehre tief im chinesischen Bewusstsein. Im Frühjahr 2008 sterben 70.000 Menschen durch ein Erdbeben. Das Volk steht zusammen und hilft spontan, geprägt aus jahrtausendaltem Wissen konfuzianischer Empathie. Das Schlüsselwort der konfuzianischen Lehre ist der *Edle* („Junzi“), und das meint nicht den sozialen Status, sondern die moralische Art, wie ich lebe: mitmenschlich, gerecht, sittlich, klug, verlässlich, loyal und pietätvoll. Der Edle denkt gerecht, der Geringe an seinen Vorteil. Der Edle besitzt Wissen, Menschenliebe und Mut.

Weitere Aphorismen aus dem Lun Yü:

- *Edle lieben innere Werte, Normale äußerliche.*
- *Der Edle fordert von sich, der Gewöhnliche von anderen.*
- *Mut ohne Pflichtbewusstsein macht Beamte zu Rebellen und Bürger zu Räubern.*
- *Der Edle schämt sich, übertreffen seine Worte seine Taten.*
- *Dass die Menschen meine Fehler erkennen, ist mein Glück (Konfuzius).*
- *Die Lieder wecken, die Riten stärken, die Musik vollendet den Weg, indem sie den Charakter verfeinert.*
- *Beim Trauern übertreibe man sein Leid nicht.*
- *Bei einem Trauernden iss dich nicht satt.*
- *Noch sah ich keinen, der seine Fehler erkennt und sich selbst kritisiert.*
- *Täglich prüfe ich mich: War ich aufrichtig? Stand ich zu meinem Wort? Setzte ich Gelerntes um?*
- *Was einem selbst nicht erwünscht ist, tue niemand an.*
- *Der Herrscher gehe durch gutes Beispiel voran.*
- *Regieren durch Mitmenschlichsein (die Li entwickeln Schamgefühl).*
- *Ein Freund ist erwünscht, wenn er aufrichtig, treu und erfahren ist.*

Im Chinesischen schreibt man Musik und Freude mit demselben Schriftzeichen. Musik, die einem Menschen gefällt, offenbart, was ihn freut und in welche Richtung er sich kultiviert hat. Sie kann harmonisieren oder brutalisieren. Das Spiel des Edlen ist milde und sanft, es hält sich im Gleichmaß der Stimmung und wirkt belebend. Das Spiel des Gemeinen ist aggressiv, laut und rasch.

In der heutigen *Volksrepublik China* koexistieren nach Maos Tod wieder die geistigen Traditionen *Konfuzianismus*, *Buddhismus*, *Daoismus* und *Yin-Yang-Lehre*, die sich gegenseitig tolerieren und ergänzen. Dabei geht es nicht um Glauben, sondern ganz praktisch um Leben und Denken im Alltag, um den rechten Weg (*Dao*) im Bewahren der Mitte (*Pohl*, S. 75). Auf diesem ostasiatischen Konsensmodell basiert das Streben nach Mitte, Ausgleich und Harmonie.

Die Chinesen gelten als fleißig, musisch, höflich, ungezwungen und haben Sozialismus und Kapitalismus zu einer sozialistischen Markwirtschaft verschmolzen. Angesichts der globalen Finanz- und Wirtschaftskrise seit 2008 nähert sich der Westen diesem Modell ideologiefrei in hohem Tempo an. Gesucht wird wie eh und je die Mitte zwischen Markt und sinnvoller Kontrolle des Spiels der Kräfte.

Fachleute attestieren dem Konfuzianismus eine bedeutende Zukunft: „Wenn wir mit Konfuzianismus eine fortschreitende Entdeckung des Wertes des Menschen meinen, seiner Fähigkeit zu moralischer Größe und sogar Weisheit, der fundamentalen Beziehungen zu anderen in einer Gesellschaft, die auf ethischen Werten basiert, … dann ist der Konfuzianismus auch heute noch von großer Bedeutung und muss wieder lebendig werden“ (*Hans Küng* und *Julia Ching*, S. 117).

Vielleicht unterscheidet sich die kommunistische VR China von der konfuzianischen Lehre darin, dass sie sich zwar beide antikapitalistisch-selbstlos geben, die VR jedoch revolutionär-eifernd, die Konfuzianer dagegen evolutionär-milder (*Pohl*, S. 104).

Und dennoch: Noch immer erscheint vielen im Westen Konfuzius als schwer erträglicher Moralapostel, welcher Anstand, Bescheidenheit, Treue, Ehrung der Eltern, gute Nachbarschaft und Zusammenhalt im Betrieb (Vorstände gehen mit gutem Beispiel voran) gepredigt hat. Sind das heute noch nachahmenswerte Tugenden in unserer überheblichen Gesellschaft des „Schneller, Höher und Weiter“, die gerade dann keine Philosophie besitzt, wenn das Wachstum ausbleibt und wir auf ethische, religiöse oder konfuzianische Tugendwege zurückfinden müssten? Offenbar gehen diese Werte im Westen noch schneller zurück als in Ostasien. Im globalen Vergleich ist der Westen nur eine kleine Besitzelite mit ungenügender Vorbildfunktion.

Auch wenn Konfuzius nicht das Genie war, so war er doch der herausragende Sammler und Erhalter jahrtausendalter guter Traditionen des zahlenmäßig größten Volkes der Erde. Damit hat er eine Großtat vollbracht, die sich als Weisheit für die Menschheit erwiesen hat und die sich in Zukunft noch als solche erweisen wird. Er prägt nicht nur China, sondern die ganze Welt.

## *3. Pythagoras – um 570 - 497 v. Chr.*

*Die Erkenntnisse über Pythagoras verdanke ich wesentlich Inge von Wedemeyer (Hrsg.): Pythagoras, Weisheitslehrer des Abendlandes, Ahlerstedt 1988. Seitenangaben der Zitate und Hinweise in Klammern.*

*Pythagoras* zählt zu den Weisheitslehrern des Abendlandes. Er stammt von *Samos*, verließ die Insel mit achtzehn Jahren und ging nach Milet. Dort wurde er Schüler der Naturphilosophen *Anaximandros* und *Thales*. Nachdem er alles Wissenswerte gelernt hatte, ging er auf Anraten von Thales nach Ägypten und blieb dort bei den Priestern und Weisen zweiundzwanzig Jahre. Er wurde eingeweiht in Astronomie und Geometrie. Danach kam er in Gefangenschaft nach Babylon. Auch dort verkehrte er mit Weisen und Magiern. Er lernte von ihnen Zahlenlehre, Musik und die übrigen Wissenschaften und kam erst nach weiteren zwölf Lehrjahren mit etwa 56 Jahren nach Samos zurück. Dort lehrte er die Einheit von Naturwissen und Geisteswissen, Logik und Symbolik, von äußerer und innerer Welt, die Versöhnung von Kopf und Herz und die Harmonie des Kosmos, des Guten, Wahren und Schönen frei von materialistischem Nutzdenken.

Er gründete in Unteritalien den Bund der *Pythagoreer* und gab den Städten Tarent/Apulien und Crotone/Kalabrien eine Verfassung. Nach seinem Tod wurde der Bund zerschlagen, lebte aber später wieder auf. Zum Beispiel war *Archetias von Tarent*, Philosoph und Mathematiker, das Haupt der dortigen Pythagoreergemeinde und zugleich der politische Führer der Stadt. Seit 388 v. Chr. war er mit *Platon* befreundet (S. 17 ff).

Zu den *Goldenen Versen des Pythagoras*: Alles, was den Griechen schön und fehlerlos erschien, verglichen sie mit Gold. Daher der Name. Lange Zeit Geheimwissen, das nur von Mund zu Mund weiterging, verfasste *Lysis*, ein

Schüler von Pythagoras, die Verse als Schrift. Sie sind das einzige Authentische, das von einem der größten Geister der Antike geblieben ist und Basis der pythagoreischen Moral in Form von Lebensregeln (S. 86).

*Zur pythagoreischen Lebensweise*

„Ihre Morgenspaziergänge machten die Pythagoreer allein. Sie gingen an einsame, stille Orte, wo Heiligtümer oder Haine waren und was sonst das Herz erfreut. Glaubten sie doch, man dürfe nicht mit einem Menschen zusammentreffen, ehe man die eigene Seele gerüstet und sein Denken geordnet habe“ (S. 98).

Meidet „vom Körper die Krankheit, vom Geiste die Dummheit, vom Magen den Luxus, vom Staate den Aufruhr, vom Hause die Zwietracht, von allem die Maßlosigkeit. Befiel sie aber einmal Zorn oder Leid, so zogen sie sich zurück und jeder versuchte, in der Einsamkeit den Affekt zu verdauen und zu heilen“ (S. 99).

Junge Leute nahm Pythagoras erst auf, nachdem er sie geprüft hatte. „Dabei suchte er zuerst zu ergründen, wie sie zu ihren Eltern standen; darauf beobachtete er, wann sie zur Unzeit lachten, wann sie schwiegen, wann sie unpassend redeten; weiter: welche Begierden sie hatten, die Freunde, mit denen sie verkehrten, und die Form, in der dies geschah; worauf sie den größten Teil des Tages verwandten, worüber sie sich jeweils freuten und worüber sie betrübt waren. Das Sichtbare wurde ihm zum Zeichen der unsichtbaren Charakteranlagen in der Seele“ (S. 97).

„Die Griechen hatten einen anderen Harmoniebegriff als wir: Er bedeutete für sie mehr das, was wir Proportionen nennen: Einklang der Teile mit dem Ganzen und mit sich selbst, mit ihrem Eigenmaß, aber er war von ungeheurer Macht, denn er beherrschte das ganze Weltbild vom Größten bis ins Kleinste. Harmonie in diesem Sinne war ein kosmischer und mathematischer, ein architektonischer und physiologischer, ein politischer und ethischer Begriff" (S. 123). Auch den Begriff der Schönheit fassten sie als das Ebenmaß der Proportionen auf.

„Die grundlegende Formel der Pythagoreischen Zahlenlehre ist die *Tetraktis*. Man versteht darunter die Folge der ersten vier Zahlen bzw. ihre Summe: 1 + 2 + 3 + 4 = 10. Die Tetraktis wird nicht nur als eine Vierheit von Zahlen angesehen, sondern von Begriffen, Kräften, Wesenheiten. Für Pythagoras galt die Mathematik als die Wissenschaft schlechthin, und die Studierenden wurden Mathematiker genannt. Dieser Begriff ist jedoch umfassender zu verstehen, als heute üblich. Damals hieß *mathesis* eigentlich Wissen. Die Mathesis galt Pythagoras als der Weg zur Weisheit" (S. 93).

Ein weiterer Kernpunkt der pythagoreischen Lehre waren die so genannte *Akusma*, nämlich kurze Sinnsprüche, etwa: „Was ist das Gerechteste? Opfern." Oder „Nicht ohne Licht reden." Man unterteilte die Schüler in *Mathematiker* und *Akusmatiker*.

Durch das Erklingen geeigneter Harmonien kann diese oder jene körperliche und seelische Gestimmtheit erzeugt und gefördert werden. Die Pythagoreer nannten das, was durch rechte Musik hervorgerufen wird, „Reinigung der Seele" und darauf beruhte ihre Heilkunst (S. 75).

„1934 stellte Thassilo von Scheffer in seinem Werk ‚Die Kultur der Griechen', Pythagoras als gewaltigsten Denker, ja Religionsstifter seiner Zeit dar, der in echt hellenistischer Vielseitigkeit den Mystiker mit dem Ethiker, den Mathematiker mit dem Musiker, den Naturforscher und Astronom mit dem Philosophen vereinigte" (S. 78).

## *4. Sokrates – 469 - 399 v. Chr.*

*Sokrates* gilt als Gründungsfigur der Philosophie als Liebe zur Weisheit, der selber nichts geschrieben hat, den aber sein ebenso berühmter Schüler *Platon* (427-367 v. Chr.) in Dialogen verewigte; vermutlich hat er auch Teile hinzugedichtet.

Eines dieser Gespräche war das *Symposion* (Gastmahl), auf dem die Gäste Reden über den Eros hielten. Eros ist der Gott der Liebe zur Weisheit, aber auch der geistigen wie körperlichen Zeugungskraft; zugleich der gute Dämon, der sich für das Wahre, Gute und Schöne begeistert – wie überhaupt Philosophieren mit Staunenkönnen und Begeisterung beginnt. In seiner Sokrates-Biographie von 2003 schreibt *Christoph Kniest*: „Sokrates war weder Bettelprediger noch Asket im christlichen Sinne. Aber er wurde als eine außerordentlich skurrile Figur wahrgenommen, wirkte irritierend, ja verstörend. Und mehr noch. Was die Jugend von ihm lernen konnte, wurde von vielen als fundamentaler Angriff auf die gesellschaftliche Ordnung verstanden. Dabei hat er nicht zum Umsturz aufgerufen, keine provozierenden Thesen aufgestellt und erst recht keine politischen Traktate verfasst.“

Sokrates fördert in den adeligen Knaben Athens die Selbsterkenntnis gemäß der Inschrift am Apollotempel zu Delphi: „Erkenne dich selbst“, die *Goethe* zu beschaulich findet und deshalb fordert: *Erst muss ich die Welt erfahren, ehe ich mich in ihr erkennen kann.*

Sokrates’ Vater war Steinmetz, seine Mutter Hebamme; seine Frau *Xantippe* gebärt ihm drei Söhne. Anfangs ist er ebenfalls Steinmetz, dann philosophiert er nur noch mit Knaben des Adels. Dazu genügt ihm sein kleines Diäteneinkommen, dass jedem Athener zusteht, solange die Stadt reich ist. Die Kinder Athens genießen kostenlos Unterricht in Rechnen, Schreiben und Lesen. Die höhere Bildung bleibt den Knaben der Reichen vorbehalten. Diese halten sich auswärtige Privatlehrer (Weisheitslehrer, Wanderlehrer, genannt *Sophisten*), welche die Jugendlichen in Redekunst, politischem Auftreten und Argumentationstechniken schulen. Gelehrt wird die Technik der politischen Machtausübung (*politike arete*).

Sokrates lehnt es ab, für seine Unterweisung Geld zu nehmen. Infolge des Niedergangs von Athen verarmt er. Sommers wie winters läuft er im Tribon, einem abgeschabten Mantel, durch die Stadt, ungeachtet von Hitze und Kälte und weiß mitunter nicht, woher er die nächste Mahlzeit nehmen soll.

Sokrates fragt mit der Methode der *Wiedererinnerung* nach dem Wissen, das die Seele von Ewigkeit her besitzt. Er versteht sich auf gute Fragen, die das moralisch-gesellschaftliche Leben in Athen in Frage stellen. Seine besondere Fragekunst nennt die Philosophie seit ihm *Maieutik* (nach dem griechischen Ausdruck für Hebammenkunst), mit der Sokrates ähnlich einer Hebamme Antworten auf Fragen, wie: „Wer ist tapfer, gerecht oder besonnen, was ist schön?" aus den Schülern herauslockt. Er, der hässlich ist wie ein Satyr, ist im Gegensatz zu den Sophisten weder spitzfindiger Wortverdreher, noch für Athen als Diplomat, Notar oder Staatsrechtler tätig. Ihre Schaureden lehnt er ab.

In den Wintermonaten gibt es in Athen Weinfeste, *Dionysia* genannt. Auf einem dieser Feste wird 423 die Komödie „Die Wolken" von *Aristophanes* vor 17.000 Zuschauern aufgeführt, in der Sokrates ob seiner Hässlichkeit verlacht, verspottet und in einem entwürdigenden Zerrbild dargestellt wird. Dieser Vorfall legt den Keim für das spätere Todesurteil.

Nach allem, was wir wissen, ist Sokrates weise und moralisch wie intellektuell untadelig. Ihm bringt ein Freund die Antwort des *Orakels von Delphi* mit, wonach die Priesterin keinen Weiseren als Sokrates kenne, eben weil er um sein Nichtwissen wisse. Krass entgegengesetzt verunglimpft ihn ein weiterer Komödienschreiber als heruntergekommenen Schwätzer.

Furchtlos tapfer nimmt Sokrates in eigener schwerer Rüstung in den Jahren 431, 424 und 422 an den Schlachten des *Peloponnesischen Krieges* teil und rettet dem vom Pferd stürzenden jungen Freund *Alkibiades* das Leben, während alle anderen in panischer Angst fliehen.

Entgegen *Immanuel Kant*, der jede Lüge kategorisch ablehnt, lehrt Sokrates, dass man für einen guten Zweck täuschen, stehlen, lügen oder betrügen darf, z.B. Arznei unters Essen mischen, die ein Kind nicht einnehmen will, oder einem Lebensmüden die Waffe stehlen oder ihn in prekärer Lage belügen, um ihm Mut zu machen. Es gibt nach Sokrates keine absolute Garantie für moralisch richtiges Handeln, weder im Sinne eines menschlichen Gutseins, noch für das, was gerecht ist. Entscheidend ist die Motivation (*Xenophon*, Memorabilien).

Sokratische Selbstbildung zur seelischen Tüchtigkeit, Tapferkeit und Gerechtigkeit (*arete*) erfordert ständiges Training (griech. a*skesis* = Übung). Dazu gehört es, Strapazen wie Hunger und Durst, Hitze und Kälte, Leid und Not sowie wenig Schlaf zu ertragen und Lust nur maßvoll zu wollen. *Weisheit* heißt auf Griechisch *Sophia*, und weise ist ursprünglich das Adjektiv zu Wissen, meint also, jemand wissend zu machen, ihn zum Könner auszubilden; weise ist auch, wer sein Handwerk beherrscht. Philosophie lehrt, wie ich mit mir selbst und mit anderen in der Gemeinschaft am besten und so gerecht wie möglich umgehe. *Weisheit ist die ethische Grundhaltung meines praktischen Bewusstseins* (*Nikolai Hartmann*).

Im Jahre 399 verurteilt ihn der Rat der Fünfhundert, zu dem 406 v. Chr. auch Sokrates per Los gehört, wegen Verführung der Jugend und Schmähens der Götter – *Helios* und *Selene* (Sonne und Mond) seien nur glühende Steine – mit knapper Mehrheit zum Tode. Der Rat fordert ihn auf, selbst eine Strafe zu nennen. Geradezu herablassend wünscht Sokrates eine täglich Speisung im Gästehaus der Stadt, was dazu führt, dass nun eine große Mehrheit zornig seinen Tod will. Nach seinem Tod durch den Giftbecher sehen die Stoiker in der Art, wie er furchtlos in den Tod geht, die Verkörperung eines Weisen und wollen *Sokratiker* genannt werden.

Ob Sokrates Teile der Athener Jugend verführt, aufmüpfig und rebellisch gemacht hat, bleibt bis heute zu Recht Ansichtssache, ebenso, ob er falschen Göttern anhing. Bezeugt ist allerdings, dass ihm sein Dämon stets abrät, wenn er etwas nicht tun soll.

Wir rätseln noch heute darüber, warum Sokrates nicht aus dem offenen Gefängnis ins Exil geflohen ist. Platon erwägt drei Gründe: Möglich ist, dass er nicht nur in Würde sterben, sondern zeigen will, dass sein Reden kein Geschwätz und sein Tod nur die letzte Konsequenz seines Philosophierens ist, wonach Unrecht leiden besser ist, als Unrecht (Gesetzesbruch) tun. Zweitens käme Flucht einem Schuldeingeständnis gleich. Schließlich könnte sein Dämon ihn von der Flucht abgeraten haben, der ihm damit einen leichten Tod ohne die Mühen eines Exils mit allen Altersgebrechen ermöglichen wollte. Vielleicht stimmen auch alle drei Motive.

## 5. *Platon – 427 - 347 v. Chr.*

Als *Platon* nahe Athen zur Welt kommt, steht der Stadtstaat in voller Blüte, ist reich und einflussreich. In Athen leben die bedeutendsten Philosophen, Wissenschaftler, Künstler, Baumeister sowie Dichter ihrer Zeit. Drei Jahre zuvor hatte die Pest viele hinweggerafft, darunter den Staatslenker *Perikles*, der den Staatsschatz des attischen Seebundes unerlaubt für den Bau der *Akropolis* ausgibt. Zu dieser Zeit überschreitet Athen bereits seinen Zenit und befindet sich im Peloponnesischen Krieg gegen Sparta, der nach fast 30 Jahren 404 v. Chr. zum Sturz von Athen führen wird.

Platon entstammt einer führenden Adelsfamilie. Als Zwölfjähriger sieht er die prächtigste Flotte gegen Sizilien in See stechen und muss als Vierzehnjähriger ungläubig ihr Scheitern und die Tötung oder Gefangenschaft der Teilnehmer erfahren. Als Jugendlicher erlebt er die Dramen des *Sophokles* und des *Euripides* und will ebenso Tragödiendichter werden.

Doch dann begegnet der Zwanzigjährige 407 v. Chr. dem 42-jährigen Philosophen Sokrates, der auf der Suche nach Wahrheit und Weisheit ist und den jungen Schüler sofort und lebenslang in seinen Bann zieht – mit der Folge, dass sich Platon fortan nur noch der Philosophie widmet. Drei Jahre nach dieser Begegnung kapituliert Athen. Platon erleidet die politischen Wirren in der Stadt und fünf Jahre später seine tiefste Erschütterung: an seinem verehrten Lehrer Sokrates geschieht ein beschämender Justizmord.

Platon geht auf Reisen: Megara, Ägypten und Kyrene werden erwähnt. Mit über vierzig Jahren gründet Platon („Griechenlands größter Geist“, *Kytzler*) 385 v. Chr. eine Akademie, eine Frühform der heutigen Universität, in der er seine Philosophie vermittelt. Er unternimmt drei ausgedehnte Reisen nach Sizilien, um seine staatspolitischen

Ideale zu verwirklichen. Dazu sammelt er Verfassungen, doch der Versuch bleibt erfolglos.

Schönste Frucht dieser Reisen ist die Freundschaft mit *Archytas von Tarent*, dem Oberhaupt des dortigen Ordens der Pythagoreer. Später meint *Augustinus*, Platons Ruhm bestehe darin, *Sokrates* mit *Pythagoras* (Mathematiker und Philosoph) verbunden zu haben.

Die Akademie wird Platons größter Erfolg. Die bedeutendsten Köpfe Griechenlands lehren hier. Der größte unter ihnen ist *Aristoteles*, der Erzieher von *Alexander dem Großen*, der zwanzig Jahre mit Platon philosophiert und nach dessen Tod 347 v. Chr. eine eigene Schule nahe Athen gründet, den *Peripatos*.

Platons Werk ist erhalten. Es umfasst 25 Dialoge (Streit- und Lehrgespräche sowie Lehrvorträge), die Apologie (Verteidigungsrede für Sokrates) und 13 Briefe (größere Abhandlungen). Unter diesen nimmt der 7. Brief eine autobiographisch-philosophische Sonderstellung ein. Besondere Schönheit enthält der Dialog „Das Gastmahl" mit der Darstellung von acht Dichtern und Philosophen über die Liebe.

Platons Grenzen liegen nicht in seiner philosophischen Denkhaltung, darin ist er bis heute unüberbietbar (*Jaspers*); sie liegen in seinen konkreten Zielsetzungen, die er in seiner *Politeia* (Der Staat) als Staatsentwurf beschreibt. Seine Vorschläge sind so rabiat inhuman, als hätte Adolf Hitler seine eigene „Rassen-Eugenik" bei Platon abgelesen: Die Ehe wird aufgehoben, Frauen und Kinder sind Gemeingut. Körperlich Untüchtige soll man sterben lassen, chronisch Unheilbare sollen nicht behandelt werden, ältere Menschen sind aufs Land auszuweisen. Die besten Männer sollen so häufig wie möglich den besten Frauen beiwohnen, die schlechtesten dagegen den schlechtesten so selten wie möglich, damit die Herde auf voller Höhe bleibt. Lug und

Trug sind zum Heil der Beherrschten erlaubt (*Politeia* 459 de).

All das ist menschenunwürdig (*Karl Jaspers*), ja, menschenverachtend und für alle Zeiten unentschuldbar.

Platons Eingebundensein in den Umkreis seiner geschichtlichen Welt, sein Leiden am heillos zerstrittenen Athen samt Todesurteil gegen Sokrates, dies alles zugestanden, dennoch: Platon in der vornehmen Distanziertheit eines führenden Adligen denkt autoritär und inhuman und verleugnet, was schon zu seiner Zeit *Philantropia* (Menschenliebe) und *Humanitas* (Menschlichkeit und Menschenwürde) hieß (Jaspers, 303).

Autoren, die diese Zielsetzung mit „befremdlich" abtun, um sofort weiter mit Begeisterung den großen Philosophen abzuhandeln (z. B. *Neumann* rororo 2001, 96) verkennen, dass schon dieser einzige schwere Fehler das gesamte Werk Platons ansteckt, auch wenn die Griechen den Begriff „Sünde" nicht kannten und durch ihre Knabenliebe sowohl moralisch wie unmoralisch lebten (*Friedell*, Griechische Kulturgeschichte).

Im Gesamturteil über Platon haftet ihm dieser philosophisch-politische Denkfehler seiner Geistesverfassung für alle Zeiten an. In der Frage, ob ich mit Platon historische Nachsicht übe oder ihn, wie *Karl Popper*, aus heutiger Sicht verurteile, entscheide ich mich mit Jaspers gegen Platon, bejahe jedoch sein Streben nach Weisheit, wenn er sagt: *Wo der Mensch wahrhaft und mit ganzer Seele liebt, ist er weise im Lieben.*

Nach Platon überragt Weisheit alles Wissen, das wir uns vorstellen können und ist eine Tugend.

Im Gastmahl erklärt Platon, dass nur die Götter Weisheit besitzen (204 a). Der Mensch kann die Weisheit nur lieben und nach ihr streben. Dadurch besitzt er eben doch Weisheit, wenigstens in einer kostbaren Vorform – als Streben nach Weisheit.

## *6. Epikur – 341 - 270 v. Chr.*

Die Frage ist, ob *Epikur* Weisheit oder pure Lust gelehrt hat.

Unsere Sprache ist grob: Sie trennt auf Anhieb weder sinnliche von geistiger Lust, noch Maß und Unmaß jeder Lust. Das brachte dem großen Athenischen Philosophen Epikur bis heute den Vorwurf ein, eher grobsinnlicher Lüstling als Weiser zu sein. Zu Unrecht. Denn wir verdanken ihm eine Philosophie der Freude – natürlich auch mit maßvollem Genuss sinnlicher Freuden. Als er im Jahre 306 v. Chr. in Athen eine Philosophenschule gründete, schuf er sich sowohl Schüler und Anhänger, die ihn verehrten, als auch Neider und missgünstige Konkurrenten, die ihn als gierigen Sinnenlüstling schmähten.

Was gehörte zu Epikurs Lebenspraxis, welche Lebensregeln schlug er vor? Hier eine Auswahl seiner Sentenzen in aphoristischer Kürze, ausgegraben nach Jahrhunderten unter dem Schutt von *Pompeji* und *Herculaneum*:

- *Sinnliche und geistige Lust sind Teil unseres Glückes.*
- *Geistige Lust ist beständiger, weil von äußeren Störungen unabhängiger.*
- *Die Götter befähigen uns zur Vernunft, um die sinnliche Lust zu zähmen.*
- *Gelingt dies, so finden wir zur Gemütsruhe und Leidenschaftslosigkeit.*
- *Die Krone der Seelenruhe ist unvergleichlich wertvoller als hohe Führerstellungen.*
- *Die Frucht der Genügsamkeit ist die Freiheit.*
- *Schade in Liebesdingen niemand, auch nicht dir selbst.*
- *Tue nichts, was dich schädigte, wenn andere davon erführen.*

- *Kümmere dich nicht um die Götter, sie kümmern sich ja auch nicht um dich.*
- *Tue nicht so, als liebtest du die Weisheit, sondern liebe sie wirklich.*
- *Beweis der Freundschaft ist nicht Mitklagen, sondern Mitsorgen.*
- *Freunde wählt man aus Lust, aber für sie erträgt man selbst größte Schmerzen.*
- *Wer ständig Hilfe fordert, sie aber niemals leistet, ist kein Freund.*
- *Erbitte nichts, was du selbst kannst.*
- *Bewege dich in der Öffentlichkeit freundlich und zurückhaltend.*
- *Erfolg mache dich nicht übermütig, Misserfolg nicht niedergeschlagen.*
- *Schönste Frucht der Gerechtigkeit ist Seelenfrieden.*
- *Die Natur schuf uns zur Gemeinschaft.*
- *Hege gegen niemand Neid.*
- *Wer Furcht verbreitet, ist selbst von ihr besetzt.*
- *Philosophiere nicht nur in der Jugend, sondern noch im Alter.*
- *Welchen Sinn hätte das Leben ohne die Lust der Suppen und Sinne?*

Hiernach möchte ich Epikur, der diese Lebensregeln im „Garten" von Athen über mehr als drei Jahrzehnte gelehrt hat, differenziert würdigen: Weder war er ein derber Zyniker noch ein sinnlicher Wüstling, sondern ein Philosoph der Weisheit, des Glücks, der Freude, der Lust – mutig, sympathisch und verehrungswürdig. Wie den Athenern erging es allen, die den *Zweiten Weltkrieg* und die anschließenden Hungerjahre erlebt haben; sie wissen, dass damals

Glück im Unglück, Liebe trotz Leid und Not, Freude trotz Zerstörung Hand in Hand gegangen sind.

Worum es Epikur ging (und mir seit Kindesbeinen unbewusst ebenso), ist die durchgängig positive Grundstimmung der Lebenslust und der Lebensfreude. Epikur ist und bleibt der Lehrer einer Weisheit der Freude und der Lust des Geistes und der Sinne, und er war, nach einem späteren Bonmot *Ulrich von Huttens* „kein offen Buch, sondern ein Mensch mit seinem Widerspruch", ein Individualist, aber kein Egoist, ein begnadeter Geist des stillen Gartens und nicht des Markplatzes, kein Prasser, sondern bescheiden und genügsam.

Was Epikur lehrte, hat er auch gelebt, wenn auch noch nicht zu Anfang, wo er regen Briefwechsel mit Hetären (gebildete, käufliche Frauen) pflegte und mit einer von ihnen zusammenlebte.

Gut möglich, dass die folgende Weisung Epikurs auf seiner eigenen Entwicklung basiert:
„Ich habe vernommen, dass dich der Kitzel in deinem Fleische übermäßig zum Geschlechtsverkehr treibt. Folge ihm, wie du magst, aber sorge dafür, dass du dabei die Gesetze nicht übertrittst, nicht den Anstand verletzt, keine dir nahestehenden Menschen kränkst, deine Gesundheit nicht zerrüttest und dein Vermögen nicht vergeudest. Es ist jedoch schwer, sich nicht wenigstens in eine der genannten Schwierigkeiten zu verstricken. Denn der Liebesgenuss bringt keinen Nutzen, man kann sogar froh sein, wenn er nicht schadet."

## *7. Epiktet – 50 - 125 n. Chr.*

Können Sie sich einen stoisch Liebenden vorstellen? Was heißt denn eigentlich stoisch sein und stoisch leben? Laut *Fremdwörter-Duden* besitzt ein *Stoiker* unerschütterliche Ruhe und nimmt die äußeren Dinge gleichmütig so hin, wie sie kommen; mit stoischer Gelassenheit erträgt er emotionslos Verluste, „wie gewonnen, so zerronnen". Er betont die Vernunft und erstrebt – innerlich frei und moralisch autonom – ein affektfreies Leben. Somit wäre ein stoischer Liebhaber ein Widerspruch in sich; er darf alles Mögliche sein, stürmisch, leidenschaftlich, spontan, engagiert, aber eben nicht stoisch.

Der Gründer der *Stoa*, *Zenon*, kommt um 300 v. Chr. schiffbrüchig aus Zypern nach Athen und unterrichtet in einer Säulenhalle, der *stoa poikile*, Schüler in seiner Lehre, daher der Name Stoa. Er baut seine Lehre auf *Heraklit*, *Sokrates* und die *Kyniker* auf.

Zu den stoischen Quellen gehört neben dem sprichwörtlichen stoischen Gleichmut auch die schon erwähnte Schule der Kyniker, die der Sokratesschüler *Antisthenes* in Athen begründet. Wegen ihrer bedürfnislosen Lebensweise werden diese als Hunde (nach griech. *kýon* = Hund) verspottet, womit sie einverstanden sind. Von hier stammt der Ausdruck „zynisch" (bissig-spöttisch). Die Kyniker leugnen sittliche Normen, die Vielgötterei, die Berechtigung des Staates und den Genuss als Selbstzweck.

Der um 50 n. Chr. als Sohn einer Sklavin im heute türkischen *Pamukale* geborene *Epiktet* kommt als junger Mann nach Rom und lebt als Sklave im Hause des frei gelassenen, gebildeten und reichen *Epaphroditus*, der ihn schon bald in die Freiheit entlässt. Noch als Sklave kommt er mit der stoischen Philosophie (*Musonius* und *Euphrates*) in Berührung. Er gründet eine philosophische Schule in Rom. Ansonsten ist über ihn wenig bekannt, denn er hinterlässt keine Schriften. Ein Schüler, *Arrian*, sammelt seine Vorträge und Lehrgespräche und veröffentlicht sie als Handbuch der Moral „Encheiridion“ und „Unterredungen“. Kaiser *Domitian* weist 92 n. Chr. alle Philosophen aus Rom und Italien aus, so dass Epiktet nach *Nikopolis*, beim heutigen *Preveza*, zieht. Dort stirbt er um 125 n. Chr.

*Goethe* schreibt in „Dichtung und Wahrheit“ über Epiktet: „Zu den Stoikern hingegen hatte ich schon früher einige Neigung gefasst und schaffte nun den Epiktet herbei, den ich voller Teilnahme studierte.“

*Einige Sentenzen aus dem Handbuch der Moral:*

- *Über einiges verfügen wir, über anderes nicht. Über Meinungen, Trieb, Begierde, Widerwille, kurz alles, was unser Werk ist, verfügen wir von Natur frei. – Nicht in unserer Gewalt sind Leib, Vermögen, Ansehen, Ämter und alles, was nicht unser eigenes Werk ist. Diese Dinge sind nicht von uns abhängig und können uns genommen werden.*

- *Widerfährt dir Leid, über das du nicht verfügen kannst, so sage dir: „Geht mich nichts an.“ Was du vermeiden willst und vermeiden kannst, vermeide, und es geschieht dir nichts.*

- *Deine Gemütsruhe sei unerschütterbar: Küsst du den Liebsten, so küsst du einen Menschen. Stirbt er, so nimm es hin.*

- *Wahre die Fassung und rechne mit allem.*

- *Unwissende suchen Schuld bei anderen, Wissende bei sich selbst, Weise bei niemand.*

- *Deine Nächsten und deine Güter – die du verlierst, gleich wodurch – hast du nur „zurückge-*

*geben" wie ein fremdes Gut oder wie ein Reisender die Herberge. Denn der Weise verliert nichts.*

- *Überlege vor jedem Handeln, was vorangeht und was nachfolgt, wie die Sache beschaffen ist, dann prüfe deine eigene Natur. Überlege den Preis, ob du für ihn Gelassenheit, Freiheit und Gemütsruhe eintauschen willst, ansonsten verzichte. Sei aus einem Guss, entweder philosophisch interessiert oder nicht.*
- *Stelle dir ein Vorbild auf und lebe ihm nach, sowohl im Wesen als auch im Auftreten.*
- *Sprich wenig und nur, wenn die Umstände es erfordern. Lenke durch dein Reden die Reden der Anwesenden zur Versöhnung hin. Lache nicht viel und nicht ausgelassen.*
- *Zusammenkünfte mit gemeinen Menschen schlage aus, mindestens achte darauf, dass du nicht in Gemeinheiten versinkst. Denn wer sich auf unflätige Menschen einlässt, wird mitbesudelt, selbst wenn er selber vielleicht rein ist.*
- *Redet jemand garstig oder sehr spöttisch, so weise ihn mit Anstand zurecht oder zeige durch Schweigen und ernste Miene dein Missfallen.*
- *Halte das natürliche Maß ein. Maßlose Zinsen und maßlose Erträge sind unmoralisch.*
- *Vermeide Aufgaben, denen du nicht gewachsen bist. Trenne Dinge und Ereignisse von Meinungen über sie.*
- *Wahre fremde und eigene Würde.*
- *Unterscheide Wesentliches von Gleichgültigem. Vergleichgültige dir Unwesentliches, Nichtverfügbares und Illusionäres.*

- *Zeige deine Philosophie im Tun, nicht in Worten.*
- *Nicht die Dinge schrecken uns, sondern die Meinungen von ihnen. Nicht der Tod schreckt uns, sondern die Meinung von ihm.*

Mit dem Tod löst sich nach der Stoa der Mensch auf und wird wieder Teil der ihn umgebenden Natur.

Glück ist für den Stoiker, affektlos und seelisch ausgeglichen im Einklang mit der vernünftigen Natur zu leben, mit dem Ziel, ein *Weiser* (Sophos) zu werden.

Zwei Sentenzen aus den „Unterredungen" Epiktets:

- *Verstecke dich nicht vor dir selbst! Mensch, wenn du einer sein willst, geh auch allein und sprich mit dir und tauche nicht in der Menge unter! Denke nach, schau um dich, geh in dich, damit du erkennst, wer du bist.*
- *Zwei Fehler überwinde: Erstens die Einbildung, als ob dir nichts zum Glück fehle, zweitens den Kleinmut, als ob man in einer solchen Welt nicht glücklich werden könne.*

Drei Fragen zur stoischen Philosophie:

Ist die von den Stoikern geforderte Härte und Gefühlsunterdrückung nicht seelisch eiskalt und schlechthin unmenschlich?

Oder gibt es zur Stoa überhaupt keine klare Entweder-Oder-Einstellung, weil wir je nach Situation dem Gefühl oder dem Verstand den Vorrang lassen?

Wäre vielleicht ein Fazit aus der stoischen Philosophie: nicht alles – aber manches – gelassener, leidenschaftsloser, einfach stoischer als bisher hinzunehmen?

## *8. Immanuel Kant – 1724 - 1804*

*Leben und Werk*

*Immanuel Kant* wird 1724 in Königsberg, einer wirtschaftlich aufblühenden Handels- und Hafenstadt des Königreichs Preußen, als viertes von elf Kindern des Riemermeisters *Johann Georg Kant* und seiner Ehefrau *Anna-Regina* geboren. Über diesen redlichen Mann ist nur soviel zu sagen, dass er ein ordentlicher Handwerksmeister war und seine Familie angemessen ernährt hat. Kants Mutter dagegen eignete sich mühsam literarische Bildung an und zählte als fromme Pietistin zum Zuhörerkreis des Theologieprofessors und Leiters des Kollegiums *Fridericianum, Franz Albert Schultz.* Sie verstand es, diesen hochgeachteten Königsberger für die Erziehung ihres Sohnes Immanuel zu interessieren.

Dieser setzte seiner Mutter ein herrliches Denkmal, wenn er schreibt: „Nie werde ich meiner Mutter vergessen, denn sie pflanzte und nährte zuerst den Keim des Guten in mir, sie öffnete mein Herz den Eindrücken der Natur und erweiterte meine Begriffe, und ihre Lehren haben immerwährenden Einfluss auf mein Leben gehabt."

Ihr und ihrer Verbindung zu Schultz ist es zu verdanken, dass der 8-jährige Immanuel 1732 von der *Vorstädter Hospitalschule* auf das Fridericianum überwechselt. Kant besucht diese Erziehungsstätte neun Jahre bis 1740, ab der Quinta immer als Klassenprimus, und erwirbt einen glänzenden lateinischen Stil samt Kenntnis der antiken Autoren.

Später hat er sich abschätzig gegen den religiösen Zwang dieser Schule und die widerwillig ertragene Heuchelei übermäßiger religiöser Andacht geäußert, was seine lebenslange Abneigung gegen Gebet und Kirchgang erklären könnte.

1740 – sechzehnjährig – geht Kant an die *Königsberger Universität.* Er zieht von zu Hause aus und bewohnt mit einem Freund eine „Bude“. Sein Brot verdient er durch Privatstunden. Nach dem Wunsch seiner drei Jahre zuvor verstorbenen Mutter sollte er Geistlicher werden. Die üblichen studentischen Lustbarkeiten konnte sich Kant finanziell nicht leisten. Einzig das Billardspiel mit zwei Freunden war sein Vergnügen. Er befreundet sich mit dem zehn Jahre älteren außerordentlichen Professor *Martin Knutzen* so eng, dass dieser ihm erlaubt, jederzeit seine Bibliothek und sein astronomisches Fernrohr zu benutzen. Knutzen stirbt früh, 1751. Dennoch war sein Einfluss auf Kant beträchtlich: Er machte ihn vertraut mit der Physikforschung von *Isaak Newton.* Kant entscheidet sich, noch ohne genaue Fachrichtung, den Weg eines Wissenschaftlers einzuschlagen. Als Kant zweiundzwanzig Jahre alt ist, stirbt sein Vater, und er muss sich als Hauslehrer bzw. Hofmeister bei vermögenden Adelsfamilien im Umland von Königsberg verdingen. Er tut dies neun Jahre lang bei drei Familien. Dazu gehört die *Reichsgräfin Keyserling*, ein Mitglied der Königlichen Akademie der Künste, die Kant mit der feinen Lebensart vertraut macht.

1755 beendet er seine Tätigkeit als Hauslehrer, um sich in Königsberg zu habilitieren. Er verfasst eine größere wissenschaftliche Abhandlung, die er öffentlich verteidigen muss. Danach erhält er die *Venia legendi*, d.h. die Lehrbefugnis ohne Gehalt, und wird Privatdozent. Der 31-Jährige lehrt Logik und Mathematik, Physik und Metaphysik, Religion und Ethik, Pädagogik und Geographie. Er lebt von den Hörgeldern seiner Studenten und dies wegen des großen Zulaufs nicht schlecht. Hinzu kommt die erste staatliche Stelle eines Schlossbibliothekars. Ordentlicher Professor wird er erst 1770 mit 46 Jahren.

Kant war eine moralische Person, die, nach allem was wir wissen, das auch lebte, was sie lehrte. Zu Unrecht hat

*Heinrich Heine* über ihn gespottet, von ihm könne man keine Lebensgeschichte schreiben, denn er habe weder ein Leben noch eine Geschichte gehabt. Das ist abgesehen von Kants späten – eher pedantisch gelebten – Jahren grob verfälschend, denn der allseits beliebte elegante und geistreiche Magister und Universitätsprofessor von Königsberg war charmant und kontaktfreudig. In seinen mittleren Jahren hält Kant allerdings zu seinem Charakter fest, dass es nicht gilt, Schlachten und Provinzen zu gewinnen, sondern wie *Montaigne* und die stoischen Vorgänger das Leben in Ruhe und Ordnung zu leben.

Ungeachtet der Tatsache, dass Kant in seinen Kritiken mit Bezug auf Glauben und Hoffnung durchaus positiv zu einem persönlichen Gott und einem ewigen Leben eingestellt war, haben ihn diese Ideen persönlich und privat kalt gelassen. Der Glaube an einen persönlichen Gott war ihm fremd. Gott und die Unsterblichkeit hat er zwar als Hoffnung ausgesprochen, glaubte aber selbst an keines von beiden, sondern war überzeugt, dass diese Glaubensinhalte Sache des individuellen Bedürfnisses seien. Er selber empfand kein derartiges Bedürfnis.

Über die Frauen urteilt Kant – geprägt von seiner Zeit – nicht gerade wohlwollend, und bei Eheschließungen rät er zur Vorsicht: Die Frau würde durch die Ehe frei, der Mann unfrei; sie mache aus ihm, was sie wolle, einen Helden oder einen Affen. Er selbst bleibt ledig.

Etwas widersprüchlich erscheinen Kants moralische Bedenken gegen Kultur und Geselligkeit. Interessen, die er zulässt, denen man aber nicht nachjagen sollte: „Und das sagt der Kant, der seine Freunde jahrelang – erst im Wirtshaus, seit 1787 ins eigene Haus – mehr oder weniger täglich zum Mittagessen mit stundenlangen unterhaltsamen Tischgesprächen geladen hat“ (*Schmitz* 1989, 143). Doch sind die Kantschen „Arbeitsessen“ im Vergleich zu Spielsüchten und Ausschweifungen harmlos.

Kant stirbt 1804, knapp 80-jährig. Er war schon zu seinen Lebzeiten und bleibt bis heute der weltweit angesehene Philosoph.

***Seine Werke***

Nach seiner Ernennung zum ordentlichen Professor schweigt Kant elf Jahre lang, doch dann geht es Schlag auf Schlag. Seine wichtigsten Werke:

1781 *Kritik der reinen Vernunft*
Kant ist 57 Jahre alt.

1784 *Aufsatz: Was ist Aufklärung?*
im 60. Lebensjahr.

1785 *Grundlegung der Metaphysik der Sitten*
im 61. Lebensjahr.

1788 *Kritik der praktischen Vernunft*
im 64. Lebensjahr.

1790 *Kritik der Urteilskraft*
im 66. Lebensjahr.

1792 *Religion innerhalb der Grenzen der bloßen Vernunft*
im 68. Lebensjahr.

1795 *Traktat zum ewigen Frieden*
im 71. Lebensjahr.

1797 *Metaphysik der Sitten (Rechts- und Tugendlehre)*
im 73. Lebensjahr.

Aus Kant wird der wahrhaft Weltweise, der versucht, dem Einzelnen durch Aufklärung und der Menschheit durch seine Schrift „zum ewigen Frieden“ zum Weltfrieden zu verhelfen.

**Warum schreibt Kant die drei Kritiken?**

Es geht Kant darum, Quellen, Umfang und Grenzen der Möglichkeit unseres Erkennens zu ergründen. Er unterteilt die Vernunft in *reine*, d.h. *theoretische*, und *praktische* (angewandte) Vernunft und hat erforscht:

Was kann ich wissen und beweisen (reine Vernunft)?

Was kann ich nur glauben und hoffen?

Was soll ich, moralisch-ethisch gesehen, tun (praktische Vernunft)?

Was ist der Mensch?

Die ***reine Vernunft*** zielt auf Erkenntnis mit Hilfe von Anschauungen, Begriffen, Grundsätzen und Ideen, die ***praktische Vernunft*** zielt auf unseren Willen mit Hilfe von praktischen Grundsätzen (*Störig* 1990, 394).

Der Begriff *Kritik* meint bei Kant nicht nur Beurteilung und Bewertung, wie etwa bei einer Theaterkritik, sondern umfasst die Prüfung der Reichweite, der Quellen und der Grenzen unserer Erkenntnis. Alle Erkenntnis beginnt mit der Erfahrung, und nichts ist im Verstand, was nicht zuvor in den Sinnen ist. Jede Veränderung hat eine Ursache. Von nichts kommt nichts.

Kant geht es um unsere Urteilsbildung. Ein Urteil verbindet ein Subjekt mit einem Prädikat, z.B.: Kant war Junggeselle. Urteile sind entweder analytisch oder synthetisch. Bei einem analytischen Urteil fügen wir dem Subjekt nichts Neues hinzu. Wenn ich sage: „Alle Körper sind ausgedehnt" oder: „Die Kugel ist rund", so spreche ich nur aus, was im Begriff des Subjekts schon enthalten ist. Denn zum Begriff „Körper" gehört das Merkmal „ausgedehnt", und zum Begriff „Kugel" gehört das Merkmal „rund". Das sind erklärende, auflösende Urteile. Sage ich hingegen: „Die Kugel ist golden", so füge ich dem Begriff „Kugel" etwas Neues – nämlich „golden" – hinzu (*synthetische*, verbundene Urteile). Solche Erkenntnis wird erst hinterher, im Nachhinein, aus der Erfahrung (in der Fachsprache: *a posteriori*) gewonnen.

Das Gegenteil sind Urteile *a priori*, und dies führt zur Kernfrage Kants in seiner *Kritik der reinen Vernunft* (KrV): Sind synthetische Urteile a priori – also vor jeder Erfahrung – möglich? Er bejaht und begründet dies umfänglich hinsichtlich der Kategorien Raum und Zeit sowie in der Mathematik. Kant begründet damit die moderne Erkenntnisphilosophie, die von der aktuellen Neuropsychologie und -physiologie bestätigt wird.

Wir können uns z.B. nichts vorstellen, was außerhalb von Raum und Zeit existiert. Also – so folgert Kant – sind Raum und Zeit nicht außerhalb von uns wahrnehmbare Gegebenheiten, sondern in unserem menschlichen Wahrnehmungsapparat vor jeder Erfahrung (a priori) angesiedelte Wahrnehmungsweisen. Er nennt Raum und Zeit deshalb Formen unserer Anschauung, mit denen wir zwangsläufig alles Äußere von vornherein ordnen und strukturieren.

Ähnliches gilt nach Kant für die Gesetzmäßigkeiten, mit denen wir verstandesmäßig unsere Wahrnehmungen analysieren und ordnen. Wir unterscheiden beispielsweise Dinge nach Quantität und Qualität und verknüpfen Ereignisse nach Ursachen und Folge oder Wirkung. Deshalb sind Kategorien wie Quantität, Qualität, Ursache und Wirkung nicht außerhalb unseres Denksystems – a posteriori – existent, sondern sie sind die uns als Menschen gegebenen, angeborenen Kategorien unseres Denksystems, mit denen wir unsere Erfahrungen verstehen. Ob ich mit den mir eingeborenen, also anthropologischen Wahrnehmungs- und Denkstrukturen die Wirklichkeit erfassen kann, lässt Kant offen.

Sein Fazit der KrV ist, dass ich das so genannte „Ding an sich" – die objektive Realität – nicht erfassen kann. Das deckt sich mit der modernen Gehirnforschung, die – vereinfacht gesagt – befindet, dass unser Gehirn transformiert und konstruiert, was wir von der Welt wahrnehmen. Wie sie tatsächlich beschaffen ist, darüber können wir wenig aussagen. Z.B. wissen wir nicht, ob die Welt einen Anfang und ein Ende hat. Ob es Gott, die Freiheit oder die Unsterblichkeit gibt, lässt sich nach Kant weder beweisen noch widerlegen, sondern nur glauben, hoffen und vermuten.

### *Warum schreibt Kant die Kritik der praktischen Vernunft?*

Weit mehr als im theoretischen Bereich sind wir handelnde, praktische Wesen, die sich – guten Willen vorausgesetzt – fragen: Wie soll ich handeln? Diese Frage beantwortet Kant mit seiner Pflichtethik, die allgemein und unbedingt gilt, nämlich mit dem *Kategorischen Imperativ*: „Handle nur nach derjenigen Maxime, durch die du zugleich wollen kannst, dass sie ein allgemeines Gesetz werde.“ Damit sieht Kant im *Kategorischen Imperativ* das Grundgesetz gewissenhafter Pflichterfüllung. Im gleichen Werk fordert Kant, dass der Mensch Zweck an sich selbst ist und niemals bloß als Mittel zum Zwecke anderer verzweckt werden darf (*Kritik der praktischen Vernunft*, KpV, A 156). Das ist ein Ideal, das für viele schwierig zu erfüllen ist, indem sie andere als Mittel für ihre Zwecke verzwecken und dies bis zur Grenze der Strafbarkeit.

Menschen bündeln ihre Motive und kombinieren ihre Pflichten mit ihren Neigungen und mit ihrem Eigennutz. Das relativiert den *Kategorischen Imperativ* so, wie er durchschnittlich gelebt wird, nämlich: *Handle so, dass Neigung und Eigennutz mit deiner Pflichterfüllung so konform gehen, dass du Würde und Anstand besitzt, niemand zu schädigen.* Lässt sich diese Problematik befriedigend lösen?

Geschichtlich sind nur wenige Menschen bekannt, die Kants Ideal erfüllten. Dazu zählen die Stoiker *Epiktet* und

Kaiser *Marc Aurel* sowie Immanuel Kant selbst. So gesehen bleibt der *kategorische Imperativ* ein Ideal, das man anstreben, aber nur selten erreichen kann.

### *Was beinhaltet Kants Kritik der Urteilskraft?*

Hier behandelt Kant nach den vorausgegangenen Werken, in denen es um Denken und Erkennen (in der *Kritik der reinen Vernunft*) und Wollen und Handeln (in der *Kritik der praktischen Vernunft*) geht, dasjenige Vermögen in uns, das wir Gefühl und Phantasie nennen.

Auf die Frage: Was ist der Mensch?, antwortet Kant lapidar: „Der Mensch ist der Endzweck der Schöpfung."

### *Pflicht und Neigung*

Kant ist nicht der preußische Pflichtfanatiker, den man aus ihm gemacht hat, wohl aber trägt er zeitlebens als Kind eines Sattlermeisters die Gesinnung eines sozialen Aufsteigers in sich. Er ist Republikaner und vertraut auf die Idee der Selbstbehauptung der französischen Revolution: Man ist nur glücklich, wenn man seinen Neigungen gemäß leben darf. Es sei daher lächerlich, wenn ein Gutsherr seine Leute zwinge, nach seiner Idee von Glückseligkeit zu leben, weil sie nicht wüssten, was gut für sie sei.

Nach Kant ist jeder seines Glückes Schmied. Er will selbst sein Glück machen und nicht durch äußere Eindrücke aus der Fassung gebracht werden und ebenfalls nicht inneren Neigungen unterworfen zu sein. Überhaupt Neigungen zu haben, ist schon ein quälendes Übel. Neigung sei blind und knechtisch, sie mag nun gutartig sein oder nicht. Erstaunlicherweise hält der sonst auf Pflichterfüllung bedachte Kant an einer Stelle auch das Streben nach Glückseligkeit für gut: „Es kann sogar in gewissem Betracht Pflicht sein, für seine Glückseligkeit zu sorgen; teils weil sie (wozu Geschicklichkeit, Gesundheit, Reichtum gehört) Mittel zu Erfüllung seiner Pflicht enthält, teils weil der Mangel derselben (z.B. Armut) Versuchungen enthält, seine Pflicht zu übertreten“ (*Kritik der praktischen Vernunft*, KpV, A 166).

### *Der Streit zwischen Kant und Schiller*

Nach *Schiller* kann der Mensch seine Pflicht auch aus Neigung, also mit Lust und Freude und innerlich zustimmend, erfüllen. In einer schönen Seele würden Pflicht und Neigung harmonisch zusammen gehen.

*Kant* lehnt das rigoros ab. Sittliches Handeln hängt einzig davon ab, seine Pflicht zu tun, mit oder ohne Neigung. Pflicht ist der Grundbegriff der Ethik, Neigung hingegen bloß eine sinnliche Begierde ohne moralischen Wert.

Für Kant und Schiller geht es dabei um mehr als einen Streit „um des Kaisers Bart“. Eigentlich moralisch sind für Schiller solche Handlungen, bei denen die Neigung mitschwingt. Tugend ist für ihn nichts anderes als die zustimmende Neigung zur Pflicht.

Um es an einem Bespiel zu zeigen: Ein Mensch, der aus Liebe, aus purer und gefühlter Neigung, ein Kind vor dem Ertrinken rettet, steht für Schiller ethisch höher, als ein anderer, der es nur aus Pflicht rettet, um dem strafrechtlichen Vorwurf der unterlassenen Hilfeleistung zu entgehen.
Schiller bezieht die schöne Seele in das moralische Handeln mit ein, Kant fordert die Pflichterfüllung pur.

Möglicherweise fanden beide einen gemeinsamen Nenner, nämlich am Beispiel des ehrlichen Kaufmannes, der aus redlicher Neigung für seine Käufer seine Pflicht erfüllt, ohne in eigensüchtige Nützlichkeitsmoral zu verfallen (*Prauss* 1983, 240 ff).

### *Denken und fühlen*

Gedanken und Gefühle stehen sich manchmal im Wege, doch viel häufiger arbeiten sie zusammen, und zwar völlig gleichwertig. Wenn ich mich im Gebirge versteige, mache ich mir nach Wanderkarte, Kompass, Uhrzeit und Sonnenstand meine Gedanken, doch am Ende sagt mir wahrscheinlich mein „Bauchgefühl", wo es weitergeht.

Das deutsche Wort *Gefühl* kommt im 17. Jahrhundert aus dem französischen „sentiment" bzw. für erregte Gefühle „sensation". Griechen und Römer nannten Gefühle „pathos" und „passio", was mit Leidenschaft zusammenhängt, weil Gefühle ja auch Leiden schaffen.

Dass Gedanken und Gefühle uns gleichwertig steuern, kommt in Kants Vernunftphilosophie zu kurz. Es existierten damals weder Psychoanalyse noch Hirnforschung. Kant sagt zwar einleitend in seiner *Kritik der Urteilskraft*: „Denn alle Seelenvermögen können auf drei zurückgeführt … werden: „das Erkenntnisvermögen, das Gefühl der Lust und Unlust und das Begehrungsvermögen" (B XXIII). Und: „die Kunst richtet sich … nach der Urteilskraft in Beziehung aufs Gefühl der Lust und Unlust" (H 60).

Kant spricht ferner vom Sinnengefühl und vom moralischen Gefühl, doch das Schwergewicht legt er eindeutig auf die Erkenntnistheorie. Überhaupt stand Kant bei Gefühlen in Hab-Acht-Stellung; er schrieb fast nichts über Liebesgefühle und für die unbeweisbaren Aussagen und Gefühlsempfindungen des Geistersehers *Swedenborg* hatte er nur Verachtung übrig.

### Kant und die Weisheit

Weisheit ist keine Gratiszugabe für die Alten, denn dass sie auf Begierden und Schwächen verzichten können oder müssen, ist weder Weisheit noch Verdienst, sondern unsere Natur. Wahre Weisheit dagegen ist ein Verdienst – und wo sie auftritt, höchste Lebensform; erworben z.B. durch Askese, eingeübt etwa von Immanuel Kant durch seine hochdisziplinierte fast lebenslange Tageseinteilung ab fünf Uhr morgens, aber auch praktiziert von *Mahatma Gandhi* durch eisernes Fasten in der Britisch-Indischen Haft.

Im Vergleich dazu hat der Mensch der Gegenwart es schwer, weise zu sein, selbst wenn er guten Willens ist. Denn dazu umgibt ihn zuviel Unweises, das er bewusst und unbewusst, gern oder ungern, vorfindet oder mitmacht.

Bestenfalls sucht er die kluge Mitte zwischen Selbstvervollkommnung und Selbstverwöhnung, zwischen Selbstachtung und Bedürfnisbefriedigung, zwischen Würde und Lust und zwischen Lusthäufung und Streitmeidung, und er fragt sich, was er tun soll *mit Gott über sich, mit dem Tier in sich* und *dem Nächsten neben sich*. „Nimm Rücksicht auf dich selbst", heißt einer der *Goldenen Verse* des Pythagoras.

Wir leben vielfach unweise: nach außen – wie nach innen gegen uns selbst, gefesselt durch eine erdrückende Medienflut und Vielwisserei. Schlimm ist auch die generelle Unersättlichkeit, die in der unausrottbaren Gier nach Bereicherung gipfelt.

Positiv dagegen ein Beispiel aus dem Ernährungsverhalten: Wer beim Essen in sich hineinspürt, bei dem geht die Menge zurück, und er hört früher auf, nochmals nachzufassen: „Wer seine Begierde zu befriedigen weiß, ist klug, wer sie beherrscht, ist weise" (*Kant*).

Der chinesische Philosophen *Laotse* schreibt: „Wer andere kennt, ist klug, wer sich selbst kennt, ist weise." Hierin liegt eine Selbsttäuschung, denn Selbsterkenntnis allein macht noch nicht weise. Hinzukommen muss, dass ich nach der erkannten Einsicht auch praktisch lebe.

Kant hält uns bei rechtem Gebrauch der Vernunft mit zwanzig Jahren für geschickt, mit vierzig für klug und mit sechzig vielleicht für weise.
Zentrale Fähigkeiten, die – fast alterslos – weiser machen, sind:

- Selbstbeherrschung
- Gelassenheit

- Achtsamkeit
- Enthaltsamkeit und Loslassenkönnen
- Güte und allgemeine Menschenliebe sowie
- meditative Versenkung.

Insgesamt ist Weisheit eine ethisch-geistige Lebenshaltung, zu der auch Qualitäten zählen, die Kant in seinen Kritiken beschreibt, nämlich

- guter Wille – Wollen
- intuitive Einsicht – Fühlen
- reine Vernunft – Denken und Erkennen
- praktische Vernunft – Handeln.

Der gute Wille in uns ist die erste Stufe der Weisheit, und mit ihm leitet Kant seine „Grundlegung zur Metaphysik der Sitten“ ein: „Es ist überall nichts in der Welt, ja überhaupt auch außer derselben zu denken möglich, was ohne Einschränkung für gut könnte gehalten werden, als allein ein guter Wille“ (*Werke*, Bd. 6,18).

Für Kant ist Philosophieren ein Mittel zur Abwehr unangenehmer Gefühle. Im Übrigen empfiehlt Kant, sich konsequent immer nur einer einzigen Tätigkeit zuzuwenden, z.B. zu essen oder einzuschlafen, ohne zu denken. Gerade das Letztere ist gute stoische Übung und Lebensweisheit zugleich.

*Goethe* meinte in einem Gespräch mit *Falk* im Hinblick auf Kant, dass alle Philosophie geliebt und gelebt werden müsse, wenn sie für das Leben bedeutsam sein solle, und er fügt hinzu: „Der Stoiker, der Platoniker, der Epikureer, jeder muss auf seine Weise mit der Welt fertig werden; das ist ja eben die Aufgabe des Lebens, die keinem, zu welcher Schule er sich auch zähle, erlassen wird.“ Kant war von Haus aus Stoiker, hat dieser Lehre aber die volle Schärfe genommen und seine Tischgeselligkeiten – durchaus epikureisch – freudig genossen.

### *Was bleibt von Kant?*

Kants Moral zeigt die Härte der stoischen Philosophie, zum Beispiel sein Verbot jeder Lüge. Doch wer kommt ein Leben lang ohne Lüge aus? Ein Freund hat das von sich behauptet, bis er zugeben musste, was er dem Finanzamt verschwiegen hat. Ich bin überzeugt: Irgendwann mit dem Älterwerden hört das Lügen auf. Nicht aus Verehrung für Kant, sondern weil wir es nicht mehr nötig haben zu lügen.

Welche Bedeutung messe ich Kant für jetzt und in Zukunft bei? In Tokio gibt es einen Tempel der vier Weltweisen, in dem Konfuzius, Buddha, Sokrates und Kant verehrt werden. Ob das die philosophische Fachwelt allgemein so sieht? Vermutlich nicht. Denn wo bleiben zum Beispiel Platon, Augustinus, Jesus oder Heraklit, Plotin und Laotse, die Karl Jaspers noch außerdem zu den großen Philosophen zählt?

Für mich bleibt Kant der größte zukunftsweisende Philosoph, weil er erkannt hat, dass die Menschheit ohne eine funktionierende Weltfriedensordnung nicht überleben wird und weil sein *Kategorischer Imperativ* eine großartige Idee ist, auch wenn ich ihn nicht rigoros, sondern gemäßigt lebe, weil ich mir in Maßen Eigennutz gestatte.

*Guter Wille* und *intuitive Einsicht* führen so zu einem Denken und Handeln aus *reiner und praktischer Vernunft*.

Kant beendet „die Kritik der reinen Vernunft“ mit dem berühmten Beschluss:

„Zwei Dinge erfüllen das Gemüt mit immer neuer und zunehmender Bewunderung und Ehrfurcht, je öfter und anhaltender sich das Nachdenken damit beschäftigt: Der bestirnte Himmel über mir und das moralische Gesetz in mir“ (*Werke*, Bd. 6, 300).

***Abschließender Selbsttest:*** *Wann ist der Mensch weise?*

Bitte streichen Sie an, was Ihnen gelingt oder womit Sie mit sich in etwa zufrieden sind.

Ich wage die Behauptung, dass der Mensch auf gutem Wege zur Weisheit ist, wenn er

*1.* seine Vorurteile ablegt und nichts als gewiss ausgibt, was er nur vermuten kann;

*2.* positiv denkt und Pessimismus oder Resignation nicht zulässt;

*3.* ein Amt übernimmt; aber auch, wenn er es zurückgibt, ohne bequem zu werden;

*4.* Halt in Gott oder in sich selbst findet (stoisch, epikureisch oder – nach Kant – agnostisch);

*5.* meditiert, betet, schöne Musik hört oder die Natur aufsucht;

*6.* gegen ärgerliche Menschen und Probleme stoische Nichtbefassung übt;

*7.* zu einer reifen Liebe findet, in der er über sich selbst hinauswächst;

*8.* sich nach Platons Ideenlehre für das Wahre, Gute und Schöne begeistert;

*9.* in der Lust Maß hält, Leid in Maßen erträgt und auf Luxus eher verzichtet;

*10.* Fehler zugibt, Folgen abschätzt und große Fehler nur einmal macht;

*11.* nach einer Vergesslichkeit überlegt, wie er sie künftig vermeidet;

*12.* danken, loben, verzeihen und sich entschuldigen kann;

*13.* Humor, Güte und Gemütsruhe besitzt;

*14.* über Geduld, Einsicht und Gelassenheit – den Hauptwesenszug des Weisen – verfügt;

*15.* zuhört und ausreden lässt, achtsam in den kleinen Dingen des Alltags wird;

*16.* einfach speist, mit Bedacht auflegt, gut kaut und bei der ersten Sättigung aufhört;

*17.* seinen Körper stets gut bewegt;

*18.* abends Rückschau hält (was gelang?), morgens Vorschau (was nehme ich mir vor?);

*19.* seinem Atem zuhört und ihn dadurch verbessert;

*20.* geborgen einschläft, Schlaflosigkeit sinnvoll ausfüllt;

*21.* seelische Hygiene übt und Probleme vermeidet, löst oder erträgt;

*22.* sich dem Leid anderer öffnet, an ihrem Glück mitfreut oder dazu beiträgt;

*23.* jeden Anflug von Neid oder Eifersucht durch positives Denken ersetzt;

*24.* stets Wissen und Erkenntnis sucht;

*25.* sein Leben und seine Papiere ordnet, Verstaubtes (Ordner/Bücher) entsorgt;

*26.* Papierberge auf dem Schreibtisch und Terminhetze vermeidet;

*27.* spielt, schmust und loslässt, was nicht geht;

*28.* im Ganzen sein Dasein zufrieden bis glücklich erlebt;

*29.* dankbar auf sein bisheriges Leben zurückblickt

*30.* und den Tod ohne Verlängerung des Sterbens wunschlos wie jede Kreatur in Ruhe erwartet.

Können Sie die Hälfte der Sätze bejahen, sind Sie passabel weise. Weisheit ist steigerbar: „Alles ist Übung“, heißt die erste Regel der *Sieben Weisen* der griechischen Antike. Wer seine Urteilskraft zeitlebens schult, weiß mit der Zeit, worauf es ankommt.

## *Literaturverzeichnis*

*Aus Gründen der Lesbarkeit sind die Anmerkungen, d.h. die Verweise auf Autoren und Zitate im Buch, in der Regel in den fortlaufenden Text integriert und auf ein Minimum reduziert. Die im Folgenden angegebene Literatur ermöglicht die nähere Beschäftigung mit den genannten Autoren und den von ihnen behandelten Themen.*


***Aebli***, *Hans*, Pädagogik des guten Lebens, Essay, 1989.

***Assmann***, *Aleida* (Hrsg.), Weisheit, München 1991.

***Barloewen***, *Constantin von*; ***Naoumova***, *Gala*, Das Buch des Wissens, Gespräch mit den Großen Geistern unserer Zeit, München 2009.

***Barthel***, *Manfred* (Hrsg.), Abendländische Weisheiten, Klagenfurt 1997/2001.

***Biegel***, *Anne*; ***Swildens***, *Helene*, Wo ist denn meine Brille, 12. Aufl., München 2003.

- Mitreden ist Gold, 8. Aufl., München 2004.

- Lust und Plage der späten Tage, 6. Aufl., München 2004.

***Bieri***, *Peter*, Das Handwerk der Freiheit, München 2001.

***Böhm***, *Erwin*, Seelenlifting statt Gesichtsstraffung, Älterwerden akzeptieren, Lebensantriebe reaktivieren, Bonn 2005.

***Capelle***, *Wilhelm*, Epiktet, Teles und Musonius, Zürich 1987.

***Conz***, *Carl*, Epiktet, München 2005.

***Cornaro***, *Luigi*, Discorsi della vita sobria, Traktat vom mäßigen Leben, (1548) Heidelberg 1997.

***Crow***, *Carl*, Konfuzius, Berlin 1939.

***Dorschel***, *Andreas*, Nachdenken über Vorurteile, Hamburg 2001.

***Dürckheim***, *Karlfried Graf*, Der Alltag als Übung, Bern 1991.

***Elm***, *Ralf*, Erfahrung und Klugheit bei Aristoteles, Paderborn 1994.

***Epiktet***, Handbüchlein der Moral und Unterredungen, Stuttgart 1984.

***Figal***, *Günter*, Sokrates, 2. Aufl., Hamburg 1998.

***Frisch***, *Max*, Tagebücher, Frankfurt am Main 1986.

***Gigon***, *Olaf*, Epikur, Zürich 1983.

***Giovanelli-Blocher***, *Judith*, Das Glück der späten Jahre, Zürich 2004.

***Gose***, *Kathleen*; ***Levi***, *Gloria*, Wo sind meine Schlüssel, Gedächtnistraining in der zweiten Lebenshälfte, Hamburg 2004.

***Gröteke***, *Friedrich*, Etruskerland, Stuttgart 1983.

***Gruss***, *Peter* (Hrsg.), Die Zukunft des Alterns. Die Antwort der Wissenschaft. Ein Report der Max-Planck-Gesellschaft, München 2007.

***Gu***, *Xuewu*, Konfuzius, 2. Aufl., Hamburg 2002.

***Hadot***, *Pierre*, Wege zur Weisheit, Berlin 1999.

***Hartmann***, *Nikolei*, Ethik, 1948.

***Heidegger***, *Martin*, Sein und Zeit, Tübingen 1927.

- Der Feldweg, Pfullingen 1983.

- Gelassenheit, Pfullingen 1992.

***Hesse***, *Hermann*, Mit der Reife wird man immer jünger, Frankfurt a. M. 1990.

***Höffe***, *Otfried*, Immanuel Kant , 5. Aufl., München 2000.

***Horton***, *Peter*, Wer andern nie ein Feuer macht, Texte und Chansons, München 1983.

***Hossenfelder**, Malte*, Epikur, München1991.

***Huizinga**, Johan*, Homo ludens (1939), Reinbek 2004.

***Jäggi**, Eva*, Viel zu jung, um alt zu sein, 2. Aufl., Hamburg 2001.

- Tritt einen Schritt zurück und du siehst mehr, Freiburg 2005.

***Jaspers**, Karl*, Die großen Philosophen, München 2007.

***Kaltenbrunner**, Gerd-Klaus*, Der asketische Imperativ, Freiburg 1985.

***Kant**, Immanuel*, Werke in 10 Bänden, Hrsg. Wilhelm Weischedel, Darmstadt 1960.

- Kritik der reinen Vernunft, 1781, Band 3 und 4.
- Kritik der praktischen Vernunft, 1788, Band 6.
- Kritik der Urteilskraft, 1790, Band 8.
- Was ist Aufklärung?, 1783, Band 9.
- Traktat zum ewigen Frieden, 1795, Band 9.

***Kniest**, Christoph*, Sokrates, Hamburg 2003.

***Knospe**, Hans*; ***Brändli**, Odette*, Laotse, Tao-Te-King, Zürich 2008.

***Konfuzius***, Gespräche, Hrsg. Wilhelm Richard, Jena 1921, Frankfurt/M. 2008.

***Kruse**, Andreas*, Altsein und Wohnen im Heim, Bern 1994.

***Kühn**, Manfred*, Kant, Eine Biografie, 5. Aufl., München 2004.

***Küng**, Hans*; ***Ching**, Julia*, Christentum und Chinesische Religion, München 1988.

***Kues**, Nikolaus von*, Der Laie über die Weisheit, Hamburg 1962.

***Kytzler***, *Bernhard*, Mythen und Gleichnisse, Frankfurt/M. 2009.

***Lauster***, *Peter*, Wege zur Gelassenheit, Reinbek 1986.

***Livingston***, *Gordon*, Zu früh alt und zu spät weise, 2. Aufl., New York 2006.

***Ludwig,*** *Ralf*, Die Kritik der reinen Vernunft, 6. Aufl., München 1999.

***Marc Aurel***, Selbstbetrachtungen, Stuttgart 1973.

***Martens***, *Ekkehard*, Platon, Stuttgart 2009.

***Martin***, *Gottfried*, Sokrates, Reinbek 1990.

***Mehwald***, *Johannes*, Epikur, Stuttgart 1973.

***Neumann***, *Uwe*, Platon, 2. Aufl., Reinbek 2006.

***Nickel***, *Rainer*, Sokrates, Reinbek 1990.

***Niejahr***, *Elisabeth*, Alt sind nur die anderen, Frankfurt am Main 2004.

***O'Donohue***, *John*, Anam Cara, Das Buch der keltischen Weisheit, München 2004.
- Schönheit, Das Buch vom Reichtum des Lebens, München 2004.

***Platon***, Werke in drei Bänden, Heidelberg 1982.

***Pleger***, *Wolfgang*, Die Vorsokratiker, Stuttgart 1991.

***Pohl***, *Karlheinz*, China für Anfänger, Freiburg 2008.

***Prauss***, *Gerold*, Kant über Freiheit als Autonomie, Frankfurt/M. 1983.

***Precht***, *Richard David*, Wer bin ich und wenn ja, wie viele?, München 2007.

***Roetz***, *Heiner*, Konfuzius, München 2006.

***Rosenmayr***, *Leopold*, Schöpferisch altern. Eine Philosophie des Lebens, Wien 2007.

***Rottloff***, *Andrea*, Gedächtnistraining, Ziele setzen – Lerntechniken anwenden – Merkfähigkeit steigern, Bindlach 2005.

***Saner***, *Hans*, Jaspers, rororo, Reinbek 1970/1991.

***Schenk***, *Herrad*, Der Altersangst-Komplex, München 2005.

***Schiller***, *Friedrich von*, Über Anmuth und Würde, 1973, in: Schillers Werke, Benno von Wiese (Hrsg.), 21. Band.

***Schirrmacher***, *Frank*, Das Methusalem-Komplott, München 2004.

***Schischkoff***, *Georgi* (Hrsg.), Philosophisches Wörterbuch, Stuttgart 1991.

***Schmidt***, *Heinrich*, Epiktet, Stuttgart 1984.

***Schmitt***, *Erich*, Konfuzius, Berlin 1925.

***Schmitz***, *Hermann*, Was wollte Kant? Bonn 1989.

***Schneider***, *Regine*, Fünfundfünfzig plus, Die Kunst des Älter Werdens. Prominente Frauen erzählen, Frankfurt/M. 2005.

***Schneider***, *Wolff*, Glück, Reinbek, 2007.

***Schönfeld***, *Sybil Gräfin*, Die Jahre, die uns bleiben, 7. Aufl., München 2005.

***Schopenhauer***, *Arthur*, Die Welt als Wille und Vorstellung, Zürich 1819/1988.

***Schultz***, *Uwe*, Immanuel Kant, 3. Aufl., Reinbek 2005.

***Schwanfelder***, *Werner*, Laotse für Manager, Frankfurt/M. 2007.

***Scobel***, *Gert*, Weisheit. Über das, was uns fehlt, Köln 2008.

***Taylor***, *Alfred*, Sokrates, Freiburg 1999.

***Thane***, *Pat* (Hrsg.), Das Alter – eine Kulturgeschichte, Darmstadt 2005.

***Traufetter***, *Gerald*, Die Weisheit der Gefühle, Reinbek 2007.

***Tudor-Sandahl***, *Patricia*, Das Leben ist ein langer Fluss, Freiburg 2005.

***Ulfig***, *Alexander* (Hrsg.), Lexikon der philosophischen Begriffe, Eltville 1993.

***Vaihinger***, *Hans*, „Die Philosophie des Als-Ob", Neudruck der 9./10. Auflage, Leipzig 1927/Aalen 1986.

***Wedemeyer***, *Inge von* (Hrsg.), Pythagoras, Weisheitslehrer des Abendlandes, Ahlerstedt 1988.

***Weischedel***, *Wilhelm* (Hrsg.), Immanuel Kant, Werke in zehn Bänden, Darmstadt 1960.

- Die philosophische Hintertreppe, 21. Aufl., München 1991.

***Wilhelm***, *Richard*, Laotse, Tao-Te-King, Jena 1921, 4. Aufl., München 2008.

***Zotz***, *Volker*, Konfuzius, Reinbek 2000.



## Dank

Meinem Verleger, *Dr. Werner Steinmann*, Rosengarten bei Hamburg, danke ich für seine treue und umsichtige Manuskriptbegleitung sehr herzlich.